Dr. Roman Leuthner
Finale Rhetorik

Dr. Roman Leuthner

Finale Rhetorik

Entwickeln Sie Ihre Siegermentalität

FACKELTRÄGER VERLAG

Covermotive: Mauritius, Mittenwald

Gesamtherstellung: Fackelträger Verlag GmbH, Köln

ISBN 3-7716-4300-7

Inhalt

Vorwort

Sie stolpern in Bewerbungsgespräche, ohne vorbereitet zu sein, Sie haben sich nicht ausreichend über das Unternehmen und sein Management informiert?

Sie gehen in Konferenzen, Workshops und Meetings, ohne zu wissen, welche Konzepte Sie durchsetzen und welche Ziele Sie erreichen wollen?

Sie vertrauen grundsätzlich auf Ihre Argumentationskunst und Souveränität in jeder Situation, Sie sind davon überzeugt, dass Ihnen gegebenenfalls schon das Passende einfällt, und analysieren vor einer Besprechung selten die Intentionen Ihrer Verhandlungspartner?

Sie halten sich für einen brillanten Verkäufer, der alles jederzeit an den Mann/die Frau bringt, da Sie selbst am meisten an Ihre Überzeugungskunst glauben?

Sie verlassen sich auf nichts – nur auf sich selbst, auf Ihre Schlagfertigkeit und Spontaneität, Ihren Einfallsreichtum und Ihr beeindruckendes Auftreten?

Gratulation! Dann sind Sie entweder ein Sonntagskind, ein seltener Glückspilz oder ein Hasardeur. In jedem Fall haben Sie zumindest eine richtige Entscheidung getroffen: den Kauf dieses Buches. Künftig sollten Sie sich nicht mehr darüber wundern, warum Sie so schnell aus dem Kandidatenkarussell bei Bewerbungsgesprächen gekickt werden, warum Ihre Ideen und Projektpläne selten auf die Gegenliebe von Chefs und Kollegen stoßen oder warum Ihre Verkaufserfolge nur unterdurchschnittlich brillant sind.

Sie lernen die Tricks der finalen Rhetorik oder – falls Sie ein Gutmensch sind – zumindest das Erkennen und Durchschauen der fiesen Tricks Ihrer lieben Mitmenschen, Kollegen und Konkurrenten. Höchste Zeit! Oder wollen Sie, dass man Ihnen ständig nur auf die Schulter klopft und Sie mit der netten Bemerkung »... ein lieber Kerl« hinauskomplimentiert?

Lernen Sie sich zu wehren! Wir schulen Ihren »Killerinstinkt«.

Roman Leuthner

I. Einführung: Taktik und Moral der finalen Rhetorik

Spielen Sie Schach? Nein? Dann lassen Sie es sich schleunigst beibringen!

Kommunikation auf einer höheren Ebene ist wie ein Schachspiel: Sie wollen Ihren Spielpartner »überzeugen« – von der Qualität Ihrer Spielanlage und Strategie. Vom ersten Zug Ihrer Eröffnung an versuchen Sie bei Ihrem Gegenspieler Züge zu provozieren, die er nicht kalkuliert, die er nicht durchgerechnet hat.

Der Idealfall: Ihre Bauern fallen über die fremde Farbe her, die Läufer zischen nach Belieben über das Brett, die Türme mauern die gegnerische Dame ein, die Springer galoppieren elegant durch die Verteidigungslinien, Ihre Dame blamiert den konsternierten König. Im besten Fall zwingen Sie dem Gegner Ihr Spiel auf, zu jeder Zeit und auf jedem der 64 Felder – mit ausgebufften Kniffen und Tricks, mit Fallen und Fußangeln.

Schach ist die nonverbale Variante der rhetorischen Streitkultur, die gepflegte Art der Schlacht, in der zwar niemand den Kopf verlieren, wohl aber seelische Blutungen davontragen kann. »Schachmatt«, lautet das vernichtende Urteil über ein zerstörtes Selbstwertgefühl.

Wunden lecken gilt nicht! Oder sind Sie auf der Welt, um zu verlieren? Nein? Dann halten Sie dies nicht für ein sozialdarwinistisches Plädoyer, sondern für einen Appell an Ihre emotionale Intelligenz, die Ihnen das Rüstzeug dafür liefern sollte, Tricks und Fallen Ihrer Gegenspieler rechtzeitig zu erkennen und deren Pläne zu durchkreuzen.

Seien Sie sicher: Ihre Verhandlungspartner sind exzellent vorbereitet. Immer. Bei Vorstellungsgesprächen beispielsweise müssen Sie davon ausgehen, dass auf der anderen Seite des Tisches ein psychologisch und personalwirtschaftlich geschultes Team auf Sie wartet, das Einstellungskandidaten professionell und instinktsicher beurteilt. Im schlimmsten

Fall sitzt dort einer, der großen Spaß daran hat, Sie auseinander zu nehmen und – falls er Gefallen an Ihnen findet – die Einzelteile just nach den ungeschriebenen Gesetzen der Firmenphilosophie wieder zusammenzusetzen. Gehirnwäsche – nicht mehr, aber auch nicht weniger. Besonders infam, dass Sie es meist gar nicht merken. Und wenn Sie es merken, dann ist es zu spät, einen unvorteilhaften Eindruck zu korrigieren.

Darum geht es: Sie haben im Fall des Misserfolgs bislang nur vermutet, dass es an Ihrem Verhandlungsgeschick liegen könnte, wenn Ihre Vorschläge und Pläne im Meeting zerredet wurden, oder am mangelnden Killerinstinkt, der – frei nach der Managementliteratur – Durchsetzungsstärke garantiert. Sie vermuteten vielleicht, dass Sie zu weich, zu »lasch« sein könnten oder dass Ihnen das Karriere-Gen fehlt. Falsch! Eher steht zu vermuten, dass Sie sich selten oder noch nie mit Gesprächs- und Verhaltenstechniken befasst haben, die vielen, die Sie bisher vielleicht im Stillen bewunderten, zu beruflichem Erfolg verholfen haben. Daran wollen wir arbeiten.

Streifen Sie Ihre Skrupel ab! Das Wissen um diese Gesprächstechniken macht – wohlgemerkt – keinen schlechten Menschen aus Ihnen. Es lässt Sie vielmehr nicht weiter wie willenloses Schlachtvieh ins Messer gewiefter Rhetoriker laufen, für die Moralbegriffe wie Ehrlichkeit und Offenheit nun mal nicht so wichtig sind wie das Erreichen eines gewissen Vorteils – Marktwirtschaft live!

Wir wollen Sie jedoch nicht dazu animieren, Geprächsstrategien dieser Art anzuwenden. Gestatten Sie uns deshalb, uns auf die Position von naturwissenschaftlichen Forschern zurückzuziehen, die zweckfrei und im festen Glauben an das Gute im Menschen die Kernspaltung entdeckten und wissenschaftlich beschrieben, mit dem Bau der Atombombe aber natürlich niemals etwas zu tun hatten. Im Ernst: Es geht darum, zu erkennen, was der Gesprächs- und Verhandlungspartner im Schilde führt, um angemessen darauf reagieren und beizeiten eine gute Gegenstrategie zu entwickeln. Es geht nicht darum, den anderen über den Tisch zu ziehen – es geht darum, sich nicht über den Tisch ziehen zu lassen.

Für die Einordnung der manipulativen Rhetorik in ihr individuelles moralisches Wertesystem sind Sie selbst verantwortlich. Frei nach dem Motto »Man muss nicht alles wissen, man sollte nur wissen, wo es steht« könnte es hier heißen: »Man muss nicht alles anwenden, man sollte nur wissen, wie es geht.«

Wenn Sie wissen, »wie es geht«, werden Sie sich wundern, wie viele Déjà-vu-Erlebnisse Ihnen blühen. Sie werden in vielen geschäftlichen, aber auch privaten Gesprächs- und Verhandlungssituationen erfahren, dass das Gefühl, das Sie vor den neu gewonnenen Erkenntnissen lediglich als Ahnung beschlichen hatte, oft durchaus real war. Sie merken plötzlich, dass da einer oder eine kunstvoll zur Manipulation ansetzt, um Sie zu einer bestimmten Handlung zu veranlassen. Und Sie erkennen, wenn Sie an Situationen in der Vergangenheit zurückdenken, dass der oder die dies schon häufiger oder gar immer so praktiziert hat. Die Folgen: Ursachen Ihrer eigenen Handlungsweisen in der Vergangenheit werden Ihnen klarer und bewusster, ebenso wie viele generelle und häufig wiederkehrende Verhaltensmuster in Ihrer Beziehung zu diesem Menschen.

Es gibt Zeitgenossen, die die Kunst der manipulativen Rhetorik so perfekt beherrschen, dass ihr persönliches Umfeld nicht merkt, wie ihm geschieht. Zwei Beispiele – eines aus dem zwischenmenschlich-privaten und eines aus dem öffentlich-politischen Bereich – zeigen dies sehr schön. Zwei Beispiele im Übrigen, die die möglichen negativen Wirkungen manipulativer Rhetorik auf die Spitze treiben.

Perfekte manipulative Rhetorikerinnen finden wir nicht selten in Mutter-Kind-Beziehungen. Die Mutter, die nicht loslassen kann und das heranwachsende Kind proportional zur Entfaltung seiner Individualität in ein immer dichteres Netz aus irrationalen Schuldgefühlen verstrickt. Die Vorwürfe der Mutter, die sich selbst in der Opferrolle sieht (»Mein Kind will mich verlassen, obwohl ich alles für es getan habe, seit es auf der Welt ist«), werden beileibe nicht offen ausgesprochen, sondern schwingen in kleinen Randbemerkungen, »zwischen den Zeilen«, im Ton des Gesagten und in Mimik und Gestik mit.

Das Ziel der Mutter, das ihr im Übrigen nicht immer selbst hundertprozentig bewusst ist, liegt klar auf der Hand: »Bleib noch bei mir, mach dich nicht frei von meiner Liebe, ich brauche dich doch!« Wir müssen nicht zu Sigmund Freud zurückgehen, um heute zu wissen, wie komplex und wie lang anhaltend die Tiefenwirkung der bewusst-unbewussten Manipulation der Mutter in ihrer Beziehung zum Kind auf das weitere Leben des Sohnes oder der Tochter sein kann.

Ein zweites Beispiel für die Perfektion manipulativer rhetorischer Techniken ist Adolf Hitler. Ja, schon die Erwähnung dieses Namens desavouiert den Gegenstand, den dieses Buch behandelt. Das ist richtig. Nur: Wir kommen um eine kleine Exkursion in die Welt des Gewaltmenschen mit seinem ungeheuren Aggressions- und Zerstörungspotenzial nicht herum. Denn – und das wissen viele nicht oder nicht mehr: Hitler beherrschte schon lange vor seiner Machtergreifung im Januar 1933 die Instrumente der manipulativen Rhetorik so perfekt und brillant wie kein anderer seiner Zeitgenossen. Er konnte mit schlafwandlerischer Sicherheit alle Instrumente für seine finsteren manipulativen Zwecke einsetzen: das rhetorische Skalpell für hauchdünne und unbemerkte chirurgische Schnitte ins Bewusstsein seiner Zuhörer bis zur rhetorischen Brechstange, die er für seine gespielten cholerischen Ausbrüche hervorholte. Das Ergebnis in jedem Fall: Gehirnwäsche pur.

Wer sich heute, ein halbes Jahrhundert später, Filmmaterial von Hitlers Reden ansieht, hat den Eindruck eines drittklassigen Schmierenkomödianten, der wie ein wild gewordener Derwisch auf seine

Zuhörer einbrüllt – eine Karikatur seiner selbst. Die rhetorischen Manipulationen dieses desaströsen Charakters entfalteten ihre größte Tiefenwirkung jedoch beileibe nicht in den lautstark vorgetragenen Beschimpfungen anderer Staatsmänner und politischer Systeme, sondern durch die geschickte Verknüpfung eigener neurotischer Vorstellungen und Zwangspsychosen mit kollektiven Sehnsüchten und Heilserwartungen, die sich eher in den eindringlich und moderater vorgetragenen Passagen dieser unseligen Reden versteckte und ein kollektives Rauscherlebnis auslöste, das heute nur noch vor dem Hintergrund der geschichtlichen Ereignisse vor und während der Weimarer Republik nachvollzogen werden kann.

Hitler war in der Lage, alle Register der manipulativen Rhetorik zu ziehen: Er drohte, schmeichelte, maskierte seine wahren Vorhaben meisterlich, er lockte seine Zuhörer auf Nebengleise, gab sich in der Opferrolle als »Retter Deutschlands«, der auf sein privates Glück verzichtet. Er log, dass sich die Balken bogen, und behauptete Unwahres, bis kaum noch jemand Richtig und Falsch unterscheiden konnte. Er drehte politischen Gegnern das Wort im Munde um und machte sie lächerlich, ironisierte und persiflierte. Wenn er mit dem Rücken zur Wand stand, erzeugte er Schuldgefühle beim Publikum und errichtete ein Propagandagebäude an Un- und Halbwahrheiten, dessen scheinbarer »Logik« sich Durchschnittsmenschen nur schwer entziehen konnten.

Hitler manipulierte so erfolgreich, weil er sich in seiner persönlichen Entwicklung von allen »normalen« moralischen Maßstäben und Skrupeln gelöst hatte. Er setzte hemmungslos und instinktsicher alle Techniken der Überzeugung und Überrumpelung ein, mit nur einem Ziel: der Manipulation der Menschen zu seinen egomanischen Zwecken. Die so genannte »Maskerade«, die von einigen Historikern als die entscheidende Waffe Hitlers im Kampf um die Stimmen der Wähler beschrieben wurde, war nur ein rhetorisches Mittel des Diktators.

Hitler musste seine Vorhaben – die Entfesselung eines großen europäischen Krieges und die Verfolgung von Juden und Andersdenkenden – nicht maskieren. Im Gegenteil: Er kündigte sie in seinen Reden an.

Gott sei Dank hat die manipulative Rhetorik nicht immer solch katastrophale Auswirkungen. Eines haben jedoch alle Anwendungsbeispiele gemeinsam: Sie zeigen, wie Menschen anderen verdeckt ihre Meinung oktroyieren und sie in ihrem Sinne beeinflussen, um in mehr oder weniger eleganter Weise zu einem nicht offen gelegten Ziel zu gelangen. Darüber Bescheid zu wissen und diese Strategien und Techniken zu entlarven, kann von unschätzbarem Wert sein – der Erfolg des guten Schachspielers ist so groß wie die Finesse seiner Finten und das Wissen um die Finten des Gegners.

Deshalb werden Sie in diesem Buch zunächst vertraut gemacht mit wichtigen Elementen der Rhetorik, die ein Profi im Umgang mit Ungeschulten souverän handhabt: mit Frage- und Gesprächstechniken, die sich sowohl zum Angriff als auch zur Abwehr eignen. Sie werden den Unterschied zwischen geschlossenen und offenen Fragen kennen lernen und die Effizienz zielgerichteter Überrumpelung durch Fragen wie Suggestiv- und Fangfragen entdecken. Ein Überblick über die wesentlichsten Gesprächstechniken bringt unter anderem Einsichten in die Rhetorik der Politik, die gerade in geschäftlichen Verhandlungssituationen von großem Nutzen sein kann. Sie liefert einen Beitrag zur Frage: »Wie rede ich viel, sage nichts und erreiche trotzdem mein Ziel?« Darüber hinaus werden Sie die Bedeutung von nonverbalen rhetorischen Elementen wie Körpersprache, Gestik und Mimik erfahren.

Für die Vorbereitung wichtiger geschäftlicher Ereignisse – Konferenzen, Meetings, Vertrags- und Verkaufsverhandlungen – werden Sie ein mentales Fitnessprogramm absolvieren. Sie werden in einem Exkurs über die inhaltliche und fachliche Vorbereitung eines Ereignisses lernen, Ihre Ziele und Strategien zu definieren und ihre Argumentationslinien festzulegen – wesentliche Voraussetzungen für die professionelle Anwendung rhetorischer Techniken. Ferner werden Sie sich psychologisch präparieren und sich sowohl mit Ihrem Selbstbewusstsein und Ihrem Auftreten als auch mit den Stärken und Schwächen des jeweiligen Gegners auseinander setzen.

So vorbereitet, lernen Sie dann eine große Auswahl der bedeutendsten manipulativen rhetorischen Strategien kennen. Die zahlreichen Beispiele, mit Hilfe derer Strategien von der »Strategie der Bösartigkeit« bis zur »Strategie des Einschmeichelns« im Detail erläutert werden, sind aus der Praxis gegriffen. Es handelt sich nicht um kunstvoll konstruierte Fälle, bei denen Sie nach »Schema F« auf spezifische Situationen trainiert werden, sondern um Beispiele, die Ihren Blick für rhetorische Tricks schärfen sollen. Ob Sie sich selbst Ziele setzen, die Sie mit Angriffsstrategien erreichen wollen, oder ob Sie sich in kniffligen Situationen behaupten und Schaden abwenden müssen Die manipulativen rhetorischen Strategien helfen in beiden Fällen.

Die Struktur des Buches ist modular und in drei größere Kapitel gegliedert Zu Beginn eines jeden großen Kapitels erwartet Sie eine kurze Übersicht über den Inhalt, am Schluss können Sie mit Hilfe einer Zusammenfassung das Gelesene rekapitulieren.

Die finale Rhetorik zu beherrschen heißt in erster Linie, einen Kommunikationsprozess strukturiert und klar zu erfassen – und im eigenen Sinne gestaltend zu beeinflussen und bestenfalls in die gewünschte Richtung zu lenken. In einer Zeit, in der »Kommunikation« zur Massenware geworden ist und in der wir in der Informations- und Wissensgesellschaft durch Medien, das Internet, Werbung, Aus- und Weiterbildung, die Unterhaltungsindustrie und durch die sich dramatisch verändernde Berufspraxis fortwährend mit unserer Umwelt kommunizieren, wird die Systematisierung dieser Reizüberflutung immer wichtiger.

Wir stehen an der Schwelle, die Orientierung zu verlieren. Wie Durchlauferhitzer werden wir täglich von Myriaden an Informationseinheiten durchspült – was hängen bleibt, ist immer dürftiger. Mehr an Information und mehr an Kommunikation heißt nicht mehr an menschlicher Interaktion und heißt vor allem nicht mehr an Lebensqualität und Lebenschancen. Auf den »Durchblick« kommt es an!

Deshalb wurde in diesem Buch auch bewusst darauf verzichtet, Sie mit einem Blick in die Geschichte der Rhetorik zu langweilen. Die Wurzeln der Wissenschaft von der »Redekunst« reichen bis in die griechisch-römische Antike zurück. Die Rhetorik entstand im fünften Jahrhundert vor Christus nach der Beseitigung der Tyrannenherrschaft in Syrakus und Athen und wurde als eigenständige Kunstform gepflegt.

Ziel dieses Buches allerdings ist es, Sie nicht mit der »Schönrede« vertraut zu machen, sondern eher mit ihrem Zerrbild, das der Sophistiker Platon von ihr gezeichnet hat: die Rhetorik als »Überredung« und »Schmeichelei«, die Rhetorik als »finale Kunst der Manipulation« für unangenehme Menschen und Situationen.

II. Streifzug durch die rhetorischen Elemente

1. Frage- und Gesprächstechniken mit Abwehr- und Angriffscharakter

Was erwartet Sie in diesem Abschnitt?

- Informationen über die Techniken des Fragens und der Gesprächsführung und die Erkenntnis, dass es kaum dumme Fragen, aber unendlich viele falsche Antworten gibt;
- finale Tricks, die helfen, unberechtigte und jede Menge berechtigte Anliegen abzuwehren und,
- die Erkenntnis, dass wir von Politikern besonders eines lernen können: Reden, ohne etwas zu sagen. Und dass wir eines nicht von ihnen lernen: Zuhören, um richtig reden zu können.

Gesprächs- und Fragetechniken gehören zum Aufbau einer rhetorischen Strategie. Wohl gemerkt: Sie sind nicht die Strategie selbst, denn dazu zählt mehr als eine Aktion bzw. Reaktion in einer bestimmten Situation. Sie können sowohl zur Abwehr einer gegnerischen Attacke eingesetzt als auch zum Angriff benutzt werden. Wir beginnen mit einer Auswahl verschiedener Fragetechniken, wobei ihre Verwendung als Angriffs- und/oder Verteidigungswaffe zum Teil nicht prinzipiell säuberlich voneinander zu trennen ist. Im Einzelfall wird dies jedoch herausgearbeitet.

Ein kleiner Exkurs zuvor: Jedes rhetorische Element und jede Gesamtstrategie kann nur unter einer generellen Voraussetzung zum Erfolg führen: Sie müssen nicht nur reden, sondern auch (oder gerade!) zuhören können. Sie kennen den Spruch: »Er redet viel, aber es ist nichts dahinter...« Diese Charakterisierung eines Redebeitrags oder gar eines häufig wiederkehrenden Verhaltens ist nicht nur wenig schmeichelhaft, sondern auch ein deutlicher Hinweis auf eine – nennen wir sie hart, aber zutreffend – »Zivilisationskrankheit«: das Nicht-zuhören-Können.

Haben Sie gerade eine Assoziation? Denken Sie etwa an eine der neunhundertneunundneunzig Talkshows, mit der wüste Sendezeit im Fernsehen gefüllt wird? Da liegen Sie richtig! Es gibt hervorragende Ausnahmen, ganz klar. In diesen Sendungen, bei denen meist ein Interviewer einen einzelnen Gast der Talkrunde zu einem Thema befragt (oder mehrere nacheinander wie bei »Bio«, »Beckmann« oder »jbk«), erfährt der Gebühren zahlende Fernsehzuschauer oft auch wirklich interessante Hintergründe zu einer Person oder über ein Sachgebiet.

Der Regelfall sieht jedoch bitter aus: Drei bis sieben Menschen und ein/e Moderator/in dreschen aus unerfindlichen Gründen verbal wie Idioten aufeinander ein und versuchen sich mit dem Volumen ihrer Stimmen zu beeindrucken. Es wird grundsätzlich nicht zugehört, es geht ausschließlich und allein darum, irgendeine dämliche Schablone in der kruden Vorstellungswelt des Zuschauers zu bedienen bzw. ein Häppchen Lifestyle zu vermarkten.

Auch viele »Diskussionsrunden« mit Politikern reihen sich hier nahtlos ein: Das, was der Gesprächs- und Diskussionspartner sagt und von einem bestimmten Thema hält, interessiert überhaupt nicht. Es geht nur darum, der Welt ein möglichst positives Bild von der eigenen Person zu vermitteln, von dem hoffentlich etwas hängen bleibt, denn irgendwann wird wieder gewählt. Kein Wunder, wenn Sie davon genug haben und frustriert zur nächsten Talkshow zappen...

Dem Gesprächspartner zuzuhören ist jedoch nicht nur ein Gebot der Höflichkeit, sondern auch der Intelligenz und Strategie. Wir erfahren nur dann etwas über die Intention, die allgemeine Gemütslage und die situationsbedingte Stimmung unseres Gegenübers, wenn wir zuhören. Die Qualität unserer Argumente bzw. die Qualität unserer Reaktion auf die Argumente des Gesprächspartners hat immer auch etwas mit richtigem Zuhören und dem Eingehen auf das vom anderen Gesagte zu tun. Und der/die will im wahrsten Sinne des Wortes ernst genommen werden – nichts ist schlimmer, als die Rede des Gesprächspartners ständig zu übergehen, aus Wurstigkeit oder Arroganz so zu tun, als habe er gar nichts gesagt, und die eigene Argumentationslinie stur durchzuhalten.

Wir erhalten eine klare Antwort auf so ein Verhalten: Der andere ist irritiert, frustriert oder wird gar aggressiv. Darüber hinaus entgehen solch asozialen Gesprächs-»partnern« wesentliche Beobachtungen der anderen Person, die wir normalerweise unbewusst und automatisch auch wieder in unsere Gesprächsführung einbauen. Dazu zählen Reaktionen in seiner Gestik, Mimik und Körpersprache.

Bestimmt haben Sie auch schon festgestellt: Zeitgenossen, die unendlich viel und ausdauernd reden, hören meist nicht zu. Die Ansicht des anderen ist ihnen schnuppe. Eigentlich gehören sie auf die Couch, denn irgendein Defizit oder eine Kombination aus mehreren psychischen Faktoren macht sie – kommunikationsspezifisch betrachtet – ziemlich einsam.

Gute Beispiele für gegenseitiges Nicht-zuhören-Können finden sich übrigens in Verhaltensmustern von Paaren. Legion ist die frustrierte Diagnose unzähliger Frauen über das Kommunikationsverhalten ihres jeweiligen Gatten, Freundes oder Lebensgefährten – wie auch immer: »Du hörst mir überhaupt nicht zu!«

Die mittel- und langfristige Reaktion des weiblichen Parts liegt auf der Hand: Nach vielen Versuchen und Anläufen, tatsächlich verstanden zu werden, zieht sie sich zunächst schmollend, bald grollend und schließlich frustriert ins eigene Ich zurück. Und wir Männer wissen es ja: Nicht-Kommunikation ist der Anfang vom Ende einer Beziehung. Sprache ist Leben, Kommunikation ist der Austausch von Bildern der Wirklichkeit; verkümmert die Kommunikation, gibt es bald auch keine gemeinsame Wirklichkeit mehr.

1.1 Fragetechniken

1.1.1 Geschlossene und offene Fragen

1.1.1.1 Geschlossene Fragen

Grundsätzlich unterscheidet man zwischen geschlossenen und offenen Fragen. Geschlossene Fragen sind Fragen, die dem Gesprächspartner meist nur ein »Ja« oder »Nein«, wenigstens aber eine kurze und präzise Antwortmöglichkeit überlassen.

> ***Beispiel:***
>
> *A:* »Sind Sie mit dem Preis einverstanden?«
>
> *B:* »Nein.«
>
> *A:* »Sind Sie einverstanden, wenn ich Ihnen noch einen Preisnachlass von fünf Prozent gewähre?«
>
> *B:* »Unter diesen Umständen – ja.«

Geschlossene Fragen haben oft den Geschmack eines Kreuzverhörs an sich, weil sie den Antwortenden eigentlich dazu zwingen, kurz und konkret zu antworten. Und was ist eine kürzere und konkretere Antwort als »Ja« oder »Nein«?

Als Element einer rhetorischen Angriffsstrategie dienen geschlossene Fragen deshalb nicht selten dazu, den Gegner in eine bestimmte Richtung zu zwingen und sozusagen »festzunageln«. Klassisch sind Interviewsituationen, bei denen ein Journalist versucht, für seine Leser bzw. Zuhörer möglichst präzise Informationen zu recherchieren. Die Antworten auf die folgenden Fragen demonstrieren zugleich eine mögliche Abwehrstrategie – das »Aufbrechen« der geschlossenen Fragen mit Hilfe zusätzlicher Erklärungen und Anmerkungen.

So entwickelt sich ein Frage-Antwort-Spiel, bei dem jeder Gesprächspartner seine rhetorischen Muskeln spielen lässt:

Beispiel:

Der Journalist: »Werden Sie Ihr Unternehmen im kommenden Jahr an die Börse bringen?«

Der Vorstandsvorsitzende Dr. Müllerdings: »Ja, wenn die Voraussetzungen dafür stimmen ...«

Der Journalist: »Haben Sie im Frankfurter Börsenjournal am 7. Juli nicht angekündigt, dass Sie für die Buxtehude AG auf jeden Fall im nächsten Jahr das Going Public vorsehen?«

Dr. Müllerdings: »Ja, das ist richtig. Ich habe aber dazu gesagt, dass die wirtschaftlichen Rahmenbedingungen, also die allgemeine konjunkturelle Entwicklung und die Erwartungen der Branche, stimmen müssen.«

Der Journalist: »Die konjunkturelle Situation und die Geschäftsaussichten der Branche sind überaus günstig. Stimmen Sie dieser Analyse zu?«

Dr. Müllerdings: »Ja, durchaus – wenn man auch in einzelnen Segmenten Abstriche machen muss.«

Der Journalist: »Hat Ihr Unternehmen in den betroffenen Segmenten wesentliche Umsatzanteile?«

Dr. Müllerdings: »Nein, aber es gilt doch die Gesamtentwicklung zu berücksichtigen ...«

Der Journalist: »Das alles klingt doch so, als ob Sie die im Juli formulierte Absichtserklärung nicht halten wollten. Werden Sie die Buxtehude AG im kommenden Jahr an die Börse bringen?«

Dr. Müllerdings: »Noch einmal (betont) – wenn die Voraussetzungen stimmen, ja.«

In diesem Beispiel hat der Interviewte gezeigt, wie die geschlossenen Fragen des Interviewers zu knacken sind: Er antwortet knapp, lässt sich jedoch nicht auf ein einfaches »Ja« oder »Nein« festnageln, sondern weitet die Antwort mit Blick auf die Zukunft aus. Damit hält er sich alle Optionen offen und lässt das Ergebnis des Interviews so spekulativ erscheinen wie das Börsengeschäft. Schlecht gelaufen für den Journalisten ...

Dieser hat allerdings noch eine Chance. Ob er sie nützt, hängt allerdings mit seiner grundsätzlichen Einstellung und dem Grad seiner Professionalität zusammen. Wenn er ein Mann vom Fach ist und beispielsweise für eine renommierte Wirtschaftszeitung arbeitet, wird er es beim jetzigen Erkenntnisstand natürlich nicht bewenden lassen.

Im Interview wurde deutlich, dass sich Dr. Müllerdings von der Buxtehude AG – im Gegensatz zur vollmundigen Verlautbarung vom 7. Juli – heute nicht mehr festlegen will. Mehr wird der Journalist auch nicht mehr aus dem Vorstandsvorsitzenden herauskitzeln. Er wird weder von Dr. Müllerdings erfahren, ob die Bank, die das Unternehmen an den Aktienmarkt führen wird, plötzlich Probleme macht oder ob er über schlechte Unternehmensnachrichten verfügt, die er heute noch nicht sagen will (oder bekannt geben muss). Um das zu recherchieren, müssen andere Quellen angezapft werden, zum Beispiel Informanten auf dem Börsenparkett, Zuträger aus Bankenkreisen, intime Branchenkenner und Konkurrenten.

Handelt es sich dagegen beispielsweise um einen Lokaljournalisten der »Buxtehuder Neuen Post«, der von seinem Ressortchef den Auftrag erhalten hat, »mal den Müllerdings auszuquetschen, was der mit seiner Firma – immerhin der größte Gewerbesteuerzahler in der Stadt – so vor hat ...«, könnte es sein, dass er aus Ermangelung anderer Kontakte noch einmal nachlegt und eine letzte geschlossene Frage stellt: »Herr Dr. Müllerdings, Sie werden also definitiv an die Börse gehen?« Das Resultat dieses letzten Versuchs dürfte jedoch in diese Richtung gehen: »Ich habe Ihnen bereits mehrfach versucht zu erklären, wie die Zusammenhänge sind. Mehr kann ich dazu jetzt wirklich nicht sagen.«

1.1.1.2 Offene Fragen

Will der Fragende mit Hilfe geschlossener Fragen den Gesprächspartner dazu bringen, möglichst knapp und präzise zu antworten, weil er eventuell die Antwort bereits kennt und einem Publikum zeigen will, wo »der Hase im Pfeffer liegt«, oder weil er einen versierten Rhetoriker vor sich hat, dem er den Vorteil des Redeflusses nehmen möchte, so werden offene Fragen hingegen dazu benutzt, jemanden zum Reden zu bringen. Die Technik der offenen Fragen kann für folgende Situationen verwendet werden:

1. Der Fragende will ein Gespräch informativ und lebendig gestalten,
2. er hat es mit einem »Maulfaulen« zu tun, den er erst einmal »warm« machen muss,
3. er vermutet, dass der Befragte ihm Informationen vorenthalten will und möchte sie herauskitzeln oder
4. er möchte (bei Publikumsveranstaltungen) den Befragten vorführen und ihn möglichst ausführlich reden lassen, weil er weiß, dass sich jener wahrscheinlich um seinen Kopf reden wird.

Offene Fragen werden meist mit den so genannten W-Fragen eingeleitet: wer, wann, wo, was, wie, warum, weshalb, wodurch, womit, woher? Der gute Fragetechniker begnügt sich jedoch nicht beispielsweise mit einem kurzen »Warum?« – dies wäre bei weitem zu einfach und zu leicht zu durchschauen –, sondern benützt die W-Frage nur zu Einleitung.

Beispiel:

»Warum sind Sie nicht mit dem Preis einverstanden, wenn ich mir vorstelle, dass der Preis doch die Zusatzleistung X und den Service Y miteinschließt und unser Konkurrent Z, dessen Angebot Sie gerade erwähnt haben, doch einen höheren Preis bei, mit Verlaub, schlechterer Gesamtleistung verlangt?«

Der Befragte wird, wenn er auf die Ausführlichkeit der Frage eingeht, zu diskutieren beginnen:

»Trotzdem ist mir Ihr Preis zu hoch. Schauen Sie, die Basisausstattung ist ja durchaus o.k., aber wenn ich mir vorstelle, dass alleine die Zusatzleistung X und der Service Y den Gesamtpreis derart in die Höhe treiben, kann ich kaum damit einverstanden sein. Sie müssen schon noch etwas runter von Ihrem hohen Ross!«

Und schon sind wir mitten in einer Verhandlung, in der jeder die Chance hat seine Forderungen bzw. Ansprüche argumentativ vorzutragen und den besseren Plausibilitätsnachweis zu liefern.

Es kann natürlich aber auch sein, dass der Kunde ein Verhandlungsfuchs ist und den Verkäufer so lange reden lassen will, bis dieser entnervt aufgibt und ihm trotzdem noch einen Preisnachlass gewährt. Er könnte dann auf die Warum-Frage des Verkäufers einfach antworten: »Trotzdem ist mir der Preis zu hoch!«

»Aber wieso? Schauen Sie, ich kann einfach nicht weiter runter. Ich habe Ihnen doch gesagt, dass Sie das Gesamtpaket berücksichtigen müssen.« – »Ist ja gut. Sie haben Ihre Vorstellungen und ich die meinen. Und die decken sich einfach noch nicht. Darum frage ich Sie: Warum gehen Sie nicht noch ein bisschen weiter runter?«

Und so weiter. Der Kunde bringt mit diesen kurzen und knappen Entgegnungen den Verkäufer ganz schön in Bedrängnis. Auf seine offenen Fragen, mit denen er darauf gesetzt hatte, dass der Kunde den Leistungsumfang als »preis-wert« akzeptiert, reagiert dieser nonchalant mit ignoranter Starrköpfigkeit. Er hat die Technik der offenen Fragen schlichtweg umgedreht und schlägt den Verkäufer mit seinen eigenen Waffen.

Normalerweise – besonders in den Situationen 1, 2 und 3 – funktioniert die Technik der offenen Fragen jedoch gut. Besonders in Interviewsituationen hilft sie dem Fragesteller, das Gespräch zu kontrollieren und in Fluss zu halten. Eines sollten Sie dabei jedoch immer berücksichtigen: Sie dürfen keinesfalls selbst »auf den Mund gefallen« sein, wenn Sie die Technik der offenen Fragen anwenden. Sie müssen in der Lage sein, eine Diskussion mit dem Befragten durchzustehen und auf unvorhergesehene Exkurse eloquent reagieren können – sonst lässt Sie manch einer »alt« aussehen.

Deshalb nochmals ein Beispiel zur Warnung. Der Anfang 1990 verstorbene ehemalige Vorsitzende der SPD-Bundestagsfraktion Herbert Wehner, ein »politisches Urgestein« und Weggefährte Willy Brandts und Helmut Schmidts, war ein begnadeter Rhetoriker. Viele seiner Reden vor dem Deutschen Bundestag sind legendär und einige davon gehören wie Debattenbeiträge von Ernst Benda, Carlo Schmidt oder Franz-Josef Strauß zu den rhetorischen Glanzlichtern einer früheren Politikergeneration. Wehner war aber nicht nur im Bundestag als messerscharfer Analytiker und intellektueller Streiter populär und als Wortverdreher und Rabulist verschrien (nach wiederholten Zwischenrufen des CDU-Abgeordneten Wohlrabe, ereiferte sich Wehner am Rednerpult: »Sie sind kein Wohl-Rabe, Herr Abgeordneter, Sie sind eine Übel-Krähe!«), bei Fernsehjournalisten war er manchmal auch gefürchtet. Diesen Ruf hatte er sich redlich verdient. Unter anderem mit harten persönlichen Attacken auf den inzwischen verstorbenen WDR-

Fernsehjournalisten Ernst-Dieter Lueg, den er bei einem Live-Interview am Abend der Bundestagswahl mit »Herr Lüg« ansprach. Und Wehner war es auch, der in einem anderen Live-Interview einen renommierten Journalisten unbarmherzig vorführte und die Technik der offenen Fragen mit einem verblüffend einfachen Trick ad absurdum führte. Der Sozialdemokrat, der so lange, aber immer noch stimmige Schachtelsätze bauen konnte, dass weniger Sprachbegabte regelmäßig ins Staunen gerieten, antwortete auf die gestenreich vorgetragenen offenen Fragen des Fernsehmanns einfach mit einem kurzen »Ja« oder »Nein«. Auf die ersten beiden »Antworten« hin gelang es dem Interviewer noch, mit einem netten Lächeln zu reagieren und so zu tun, als ob dies ein interessanter und netter Abend werden würde. Ab der vierten Antwort – zur Abwechslung ein knappes »Nein!« hinter dicken Tabakschwaden aus Wehners unvermeidlicher Pfeife – begann der geplagte Journalist, unruhig auf seinem Stuhl herumzurutschen und mit seinen Fragen immer weiter auszuholen. Wohlgemerkt: Das »Gespräch« war live. Nach sieben oder acht Minuten gab es kein Halten mehr. Wehner hatte den in seinen Augen ungeliebten Journalisten zum Trottel degradiert. Der Sozialdemokrat soll Monate später auf die Frage, warum er nur mit »Ja« oder »Nein« geantwortet habe, süffisant bemerkt haben: »Ich bin um präzise Auskünfte gebeten worden.«

1.1.2 Linke Fragen

Nach der grundsätzlichen Unterscheidung zwischen geschlossenen und offenen Fragen geht es jetzt darum, Sie in das Spiel mit hintertriebenen Fragen einzuweisen. Hierbei dreht es sich um rein negative Fragen, um Fragen also, die nicht aus Erkenntnisinteresse heraus gestellt werden –

etwa, weil wir etwas erfahren und genauer über einen Sachverhalt aufgeklärt werden wollen –, sondern die als rhetorisches Kampfinstrument eingesetzt werden.

Wir behandeln jetzt also Fragearten, vor denen Sie auf der Hut sein müssen, die Sie schon im Ansatz als linke Fragen erkennen und ihnen möglichst elegant begegnen sollten. Falls Sie eine Frage nicht als »link« entlarven können, hat Sie der Gegner dort, wo er Sie haben will: Sie sind irritiert, fühlen sich provoziert oder aus dem Konzept gebracht ...

1.1.2.1 Suggestivfrage

Die wohl bekannteste der finalen Fragen ist die Suggestivfrage. Das Wort stammt aus dem Lateinischen. »Suggerieren« bedeutet so viel wie jemanden gegen seinen Willen gefühlsmäßig oder seelisch zu beeinflussen, jemandem etwas einzureden oder einen bestimmten, den Tatsachen nicht entsprechenden Eindruck entstehen zu lassen.

Diesen Versuch in eine Frage zu kleiden, ist elegant. Vor Gericht beispielsweise – Sie kennen die Situation aus unzähligen Kinofilmen – werden Suggestivfragen von der jeweiligen Gegenseite (Staats- oder Rechtsanwalt) sofort als »nicht zulässig« abgewiesen. Zu Recht, denn Suggestivfragen unterstellen dem Befragten immer eine gewisse Tatsache oder ein Verhalten in Form einer offenbar logischen Schlussfolgerung, die bei Bestätigung des ersten Teils der Frage auch die Bestätigung ihres zweiten Teils impliziert und als »zwingend« erscheinen lässt.

Beispiel:
Staatsanwalt: »Angeklagter! Sie tragen doch sehr gerne blaue Hosen mit schwarzem Ledergürtel und dazu eine schwarze Lederjacke. Darüber sind Sie sich doch mit mir einig, oder? Nun, der Bankräuber wurde von einem Zeugen mit dieser Kleidung gesehen!«

Der Staatsanwalt versucht in diesem Beispiel, einen direkten Zusammenhang zwischen der Lieblingskleidung des Angeklagten und einem Bankraub herzustellen, dessen der Mann angeklagt wird. Damit suggeriert er den Geschworenen (der Fall spielt im angelsächsischen Rechtssystem), dass der flüchtige Räuber auch genau die Kleidung trug, die der Angeklagte gerne trägt. Ein Indiz? »Käse«, werden Sie denken! »Blaue Hosen und schwarze Jacken trägt doch jeder!« Sie haben Recht – darum geht's auch gar nicht, Sie sollten nur den Charakter von Suggestivfragen verstehen ...

Wie kann man sich dagegen wehren?

1. Wenn Sie eine Frage als suggestiv erkannt haben, sagen Sie es laut und deutlich: »Das ist eine Suggestivfrage! Was wollen Sie damit erreichen?«
2. Lehnen Sie die Beantwortung der Frage ab: »Wissen Sie, ich habe es nicht nötig, auf Suggestivfragen zu antworten.«

1.1.2.2 Provokativfrage

Auch hier geht es darum, den Gesprächspartner aus dem Gleichgewicht zu bringen, sein Konzept durcheinander zu wirbeln und negative

Emotionen auszulösen. Eine Provokativfrage als solche eindeutig zu erkennen, dürfte jedoch nicht schwer fallen. Allerdings macht hier sehr oft der »Ton die Musik« und zynische Zeitgenossen benützen diese Frageart mit einem sehr sanften, aber umso unverschämteren Grinsen.

Beispiel:
In einem Meeting von Budgetverantwortlichen haben sich Meier und Huber total festgefahren, keiner will einen Millimeter nachgeben, beide bleiben stur bis zum Herzinfarkt.

Meier rastet innerlich aus, bleibt äußerlich aber supercool: »Haben Sie auch schon festgestellt, Herr Kollege, dass die Anforderungen an meine Abteilung im vergangenen Jahr wesentlich gestiegen sind?« Diese Provokativfrage impliziert, dass Meier seinen Kollegen für einen elenden Karrieristen und Egoisten hält, dem es nicht um andere und eine ausgewogene Budgetierung aller Abteilungen geht, sondern lediglich um seinen eigenen Bereich.

Falls Meier seine Frage noch mit einem »bemerkt« anstatt des »festgestellt« würzen und zwischen das »Haben« und das »Sie« auch noch ein kleines »selbst« einschieben sollte, unterstellt er Huber darüber hinaus, dass er nicht nur egoistisch, sondern dazu auch noch reichlich vertrottelt ist. Eine Provokativfrage elegant zu formulieren, dies beherrschen übrigens nur solche Rhetoriker, die ihre Emotionen in jeder Situation kontrollieren. Gelingt ihnen dies nicht, gleiten Provokativfragen nicht selten in den Bereich der persönlichen Verletzung ab.

Wie kann man sich dagegen wehren?

1. Lassen Sie sich nicht provozieren! Bleiben Sie ruhig und sachlich – cool down!

2. Machen Sie mit einer vollkommen nüchternen und sachlichen Antwort deutlich, wie albern Sie die Frage in der gestellten Form empfinden – die Provokativfrage wird dadurch zum Bumerang.

1.1.2.3 Konjunktivfrage

Diese Frageform ist doppelt mies, weil sie einen suggestiven Ansatz hat und den Befragten zugleich dazu verführt, sich eine mögliche Alternative vorzustellen. Erkennt er den wahren Charakter der Frage nicht beizeiten und geht er allzu blauäugig darauf ein, kann es passieren, dass ihm der Fragende eine Lawine zwingend erscheinender Ableitungen seiner Antwort um die Ohren haut. Dabei kommt die Konjunktivfrage oft zunächst in einem völlig »unschuldig« erscheinenden Outfit daher – deshalb äußerste Vorsicht!

Beispiel:

Der Chef muss schlichten! Zwei Streithähne in seiner Abteilung – Baumann und Gerber – können sich nicht riechen, jeder missgönnt dem jeweils anderen den kleinsten Vorteil. Heute hat Baumann allerdings den Bogen überspannt und der Chef muss einschreiten, um den Frieden wenigstens einigermaßen wieder herzustellen.

Chef: »Herr Kollege, ich habe gehört, Sie behaupten, dass Gerber wesentliche Elemente Ihres Konstruktionsaufbaus auf Ihrer Festplatte gelöscht habe. Ist das richtig?«

Baumann (schwitzend, denn es stimmt natürlich nicht): »Nun, äh ...«

Chef: Gesetzt den Fall, Ihre Geschichte würde stimmen, müsste ich den Kollegen Gerber dann nicht wegen schwerer Schädigung der Firma in Haftung nehmen? Würde ich ihm letztlich nicht vielleicht sogar kündigen müssen? Soviel ich weiß, hat Gerber drei Kinder und die Lage in unserer Branche ist alles andere als rosig.«

O.k., Baumann sitzt schwer in der Patsche. Der Chef hat ihm die Konsequenzen des von ihm gestreuten Gerüchts zwingend und logisch vor Augen geführt. Zugleich macht er ihm klar, dass wenn nichts an der Geschichte dran sein sollte und Gerber mit einer Kündigung konfrontiert würde, dieser sich als Familienvater und ungerecht Verdächtigter in jedem Fall vor Gericht wehren würde. Folge: Alles käme nicht nur firmenintern, sondern auch noch öffentlich ans Licht, und Baumann wäre als übler Denunziant enttarnt. Baumann kann also nur noch darum bitten, das Ganze auf sich beruhen zu lassen und mit eingezogenem Kopf (den er besser frühzeitig eingeschaltet hätte) den Raum verlassen zu dürfen.

Gleichwohl gibt es Mittel und Wege, sich gegen Konjunktivfragen zu wehren:

1. Machen Sie wiederum deutlich, dass Sie die Konjunktivfrage als solche erkennen, etwa mit folgenden Worten: »Ihre Frage zeigt eine Möglichkeit auf, eine andere Möglichkeit wäre jedoch ...« oder »Sie haben viel Fantasie. Ich möchte Ihnen jedoch so antworten, wie es wirklich ist...«
2. Zeigen Sie Alternativen auf und drehen Sie den Spieß um, etwa: »Ein wirklich sehr einleuchtender Vergleich. Wie wäre es jedoch, wenn Sie sich vorstellten, es wäre so und so ...«

1.1.2.4 Fangfragen

Dies sind die gefährlichsten der miesen Fragen, denn sie kommen unvermittelt daher und nageln den Befragten fest – meist ohne, dass dieser zuvor bemerkt, welches Unheil sich anbahnt. Die Fangfrage dient im Normalfall dazu, einen Sachverhalt zu ermitteln, den man nicht durch aufrichtiges Fragen ermitteln will oder kann,

- weil sich der Verdacht aufdrängt, dass keine ehrliche Antwort gegeben würde, oder
- weil man Unkenntnis verbergen möchte oder
- weil man Informationen erhalten möchte, die zur Gesamtbeurteilung eines Sachverhalts notwendig sind.

Beispiele:
Müller brüstet sich im Vorstellungsgespräch mit seinen Erfahrungen in den USA. Er gibt sich weltmännisch und berichtet davon, dass sein früheres Unternehmen in San Francisco drei Maschinenhallen errichtet habe und er, der viel im Ausland beschäftigte Müller, jedes Mal dabei gewesen sei. Deshalb kenne er San Francisco auch »wie seine Westentasche«.

Sein (vermeintlich) künftiger Chef nimmt die Kunde zunächst freundlich lächelnd entgegen und fragt einige Minuten später – längst ist von einem anderen Thema die Rede:

»Ach ja, Herr Müller, waren Sie mit Ihren Kollegen bei Ihren Visiten in Frisco auch immer im Peabody untergebracht?«

Müller: »Ja, äh, im Peabody ...«

Chef: »Jedes Mal?«

Müller: »Ja, ich denke schon.«

Chef: »Sie sagten, Sei seien in den Jahren 1992 bis 1994 jedes Jahr einmal dort gewesen?«

Müller: »Ja, äh ...«

Chef: »Das Peabody wurde aber erst 1994 eröffnet.«

Tja, dumm gelaufen. Müller war wohl sicher einmal in San Francisco, aber wenn er die Stadt wirklich »wie seine Westentasche« kennen würde, sollte er wissen, wann das Peabody-Hotel eröffnet wurde. Ertappt! Er hatte eine Schippe zu viel auf die Schilderung seiner Welterfahrenheit gelegt. Sein Gesprächspartner kommt jetzt wohl zu dem Urteil, dass sich da einer bewirbt, der zu Übertreibungen neigt und es nicht immer ganz genau mit der Wahrheit nimmt. Schlechte Voraussetzungen für einen Job im Management, der das Vertrauen des Chefs genießen sollte.

Ein weiteres Beispiel für die Gefährlichkeit von Fangfragen stammt aus dem privaten Bereich. Es gibt Zeitgenossen, die alles wissen müssen. Ihre Neugier ist so unersättlich, dass sie nicht ruhig schlafen können, ohne ihre Mitmenschen und deren Lebensumstände bis aufs Feinste analysiert und »durchschaut« zu haben.

Klaus Rieger ist so einer. Mitglied in einem Volleyballverein am Ort. Die Alt-Herren-Mannschaft pflegt jeden Dienstagabend nach dem Training auf ein Bier beim Neuwirt einzukehren. Und da ist dieser Neue im Klub, Mark Ganter, der bei der letzten feuchtfröhlichen Runde seinen Einstand gegeben hat – großzügig, wirklich sehr großzügig hat er die ganze Runde bis kurz nach Mitternacht ausgehalten. Und dabei hat er, wie er erzählte, ein neues Haus abzuzahlen und vier Kinder zu versorgen. Der muss ja ganz schön dickes Geld verdienen! – Rieger ist brennend interessiert.

Heute, wieder ist Dienstag, marschieren die Cracks nach dem Duschen erneut zum Lokal. Zunächst unterhält sich die Runde über die letzten Bundesliga-Ergebnisse im Fußball. Jeder hat zwei Bierchen intus und die Zungen werden gelöster, ein paar Witze werden erzählt. Jetzt macht sich Rieger an den Neuen heran:

»Du hast perfekt gespielt heute! Bist gut im Training, trotz des bestimmt anstrengenden Arbeitstages, den du hast!«

Ganter: »Danke! Du wirst deine Kohle aber auch nicht im Schlaf verdienen ...«

Rieger: »Nee, das ist wahr. Und wenn ich mir vorstelle, wie viel Steuern die uns abziehen, sogar noch in der Steuerklasse drei, krieg' ich feuchte Augen.«

Ganter: »Ja, das ist wahr! Ich wundere mich auch jedes Mal, wenn ich den Gehaltsbogen bekomme.«

Rieger: »Ja, aber der Hammer ist der Soli! Wie die uns mit dem Solidaritätszuschlag melken is' echt der Hammer!«

Ganter: »Stimmt. Und ob die Zig-Milliarden dann wirklich alle in den Osten fließen, weiß ich nicht so recht ...«

Rieger: »Die meinen in Berlin doch alle wir wären blöd! Als ob das nicht klar wäre, dass der Soli alle möglichen Haushaltslöcher stopft ...«

Ganter: »Ja, ja ...« – und nimmt einen Schluck aus dem Glas.

Jetzt rückt Rieger näher an Ganter heran und senkt die Stimme: »Ich zahl mittlerweile rund 42 Euro im Monat – überleg dir das mal!«

Ganter: »Tja, das is' schon viel ...«

Rieger: »Bei dir geht der Finanzminister sicher auch nicht leer aus ...?«

Ganter: »Nö, ich zahl noch zehn mehr im Monat!«

Rieger ist sehr zufrieden mit sich. Seine Strategie ist voll aufgegangen. Er hatte den Sportskameraden als gutmütigen und offenen Menschen richtig eingeschätzt. Er ließ sich nicht anmerken, dass ihn an diesem Abend nur eines wirklich interessierte: die Frage, wie viel der Neue wohl verdient. Dann suchte er das Gespräch, lenkte es langsam und behutsam in die richtige Bahn, ließ den Ganter in Ruhe seine Biere trinken – und schlug im geeigneten Augenblick zu. Das Timing für die Fangfrage »Bei dir geht der Finanzminister sicher auch nicht leer aus ...?« war super, zuerst plauderte er aus seinem Nähkästchen (natürlich nimmt der Staat von ihm nur knapp 30 Euro Soli im Monat) und gewann so das Vertrauen von Rieger – und stellte dann die entscheidende Frage im Plauderton. Der Neue fiel voll darauf rein und dachte vor allem nicht daran, dass ein guter Kopfrechner mit ein bisschen Ahnung von Steuersätzen von der Höhe des Soli ziemlich genau auf die Höhe des Monatsbruttos schließen kann. Tja, gelernt ist gelernt.

Wie wehren Sie sich gegen Fangfragen?

1. Offenheit, Aufrichtigkeit und Geradlinigkeit sind hervorragende Charaktereigenschaften. Manche Zeitgenossen, die uns eventuell auch nicht so wohlgesonnen sind, nutzen derart positive menschliche Züge jedoch schamlos aus. Deshalb: Machen Sie sich klar, mit wem Sie reden! Natürlich können Sie nicht jede Gesprächssituation auf ihre Risiken abklopfen – die Lebensqualität bliebe ansonsten wohl auf der Strecke. Ins offene Messer neugieriger oder böswilliger Mitmenschen sollten Sie jedoch auch nicht laufen!

2. Zuhören! Achten Sie bei wichtigen Gesprächen, also bei einer Stellenbewerbung, bei Meetings und Konferenzen im Berufsleben oder bei Verkaufsverhandlungen und so weiter, jeweils exakt auf die Worte Ihres Gesprächspartners bzw. Ihrer Gesprächspartner, auf seine/ihre Mimik und Gestik! Achten Sie auf so genannte »Zwischentöne«. Bahnt sich hier eventuell eine Fangfrage an? Glaubt man, vertraut man Ihnen nicht? Haben Sie das Gefühl, überprüft oder kontrolliert zu werden? Dann sollten Sie aufpassen!
3. Erkennen Sie eine Frage als Fangfrage, dann teilen Sie dies sofort mit! Reagieren sie mit einer Bemerkung wie: »Was wollen Sie denn wirklich konkret wissen?« oder »Warum stellen Sie mir eine Fangfrage? Trauen Sie mir nicht über den Weg?«
4. Versuchen Sie nicht den Doppelagenten zu spielen und dem Gesprächspartner zu suggerieren, Sie ahnten nicht, dass es sich um eine Fangfrage handelt, um ihm falsche Informationen zuzuspielen. Das kann gründlich schief gehen!
5. Unlauteren Taktiken der Gegenseite sollten Sie immer mit offenem Visier begegnen.

1.1.2.5 Gegenfragen

Die Gegenfrage ist von Haus aus eine Abwehrtechnik, die das fein gewirkte Konzept des Gesprächspartners, der beispielsweise in einem Interview Details über einen Vorgang erfahren möchte, durcheinander bringen soll. In der alltäglichen Kommunikation gilt eine Gegenfrage als unschicklich und unhöflich. Jeder gewinnt schnell den Eindruck, dass derjenige, der sie stellt, ausweichen und nicht deutlich Stellung beziehen will. Gegenfragen lassen sich aber auch sehr geschickt in eine Pseudoantwort einbauen, mit der alles – und nichts – gesagt wird.

Beispiel:

Yvonne Sigrist ist eine sehr gut aussehende junge Schauspielerin, die in den vergangenen drei Jahren attraktive Hauptrollen in populären Fernsehproduktionen spielen durfte. »Lange schon,« so der renommierte Regisseur des jüngsten Streifens mit Sigrist, »hat der deutsche Film auf so einen Glücksfall gewartet. Ich bin mir sicher, dass Yvonne Sigrist eines Tages den Durchbruch nach Hollywood schafft.«

So viel Lob ruft Neider auf den Plan. Und die tratschen: privat, hinter den Kulissen und vor allem mit Journalisten und Paparazzi der Feder, die für ihre Lifestyle-Magazine nach schlüpfrigen Storys suchen. Denn: »Sex sells«.

Die Schauspielerin kann es nicht vermeiden, dass – bald nachdem die ersten Gerüchte über eine angebliche Affäre mit dem Regisseur des aktuellen Films auftauchen – ein Redakteur des größten Magazins der Gattung »Klatsch, Tratsch und Highsociety« einen Interviewtermin über ihren Agenten nachfragt. Der rät ihr folgerichtig, sich dem Interview zu stellen; alles andere würde noch mehr Aufmerksamkeit erregen und die Gerüchte keinesfalls verstummen lassen. Sigrist bereitet sich mit ihrem Manager auf das Interview vor und entwirft einen Schlachtplan.

Wir steigen etwa in Minute zwei des Gesprächs ein – nach dem Austausch der obligatorischen Höflichkeiten. Der Manager der Schauspielerin sitzt lässig dabei und lässt ein Tonbandgerät mitlaufen. Vor Beginn des Interviews hat man sich geeinigt, dass das Gespräch im Wortlaut erscheinen muss.

Peter Schmierfink mit seinem unnachahmlich aalglatten Charme: »Mir ist zu Ohren gekommen, Yvonne, verstehen Sie mich bitte nicht falsch, dass sich alle Welt über Sie unterhält ...«

Sigrist: »Ja, Popularität ist ja wohl nichts Schlechtes, oder?«

Schmierfink: »Klar, Yvonne. Die Gerüchte, die ich meine, sind nur nicht gerade schmeichelhaft für Sie – auch, wenn ich das nicht gerne sage. Is' was dran?«

Sigrist: »Welche Gerüchte meinen Sie denn? Über Gott und die Welt wird getratscht.«

Schmierfink: »Darf man Ihnen, Yvonne, denn gratulieren?«

Sigrist: »Gratulieren? Zu was?«

Schmierfink: »Yvonne, wir reden aneinander vorbei! Also: Es ist ja wirklich keinem Mann zu verdenken, dass er sich in Sie verliebt – Sie sind eine so zauberhafte Frau...«

Sigrist: »Danke für das Kompliment, Herr ..., sorry, Ihr Name ...?

Schmierfink: »Schmierfink ...«

Sigrist: »Ach ja, Schmierfink, pardon!«

Schmierfink: »Also Yvonne! Schauen Sie mal, es nützt doch nichts, wenn Sie so tun, als wüssten Sie von nichts. Unser Magazin will natürlich Ihre Story – das ist klar. Gleichzeitig aber biete ich Ihnen Hilfe an, denn wenn wir die Geschichte von Ihnen und Regisseur Trauber bringen, dann so, wie sie wirklich ist, und hundertprozentig rein sachlich.«

Sigrist: »Jetzt weiß ich, wovon Sie sprechen. Nein, da ist nichts dran. Genügt das, Herr Schmierfink?«

Schmierfink: »Schauen Sie, Yvonne, es wäre nichts Unnatürliches, wenn Sie mit einem gut aussehenden Fernsehmann eine Affäre hätten ...«

Sigrist: »Mit einem, der mir dann die Hauptrolle gibt – oder? Und Sie würden dann keinesfalls schreiben: ‚Da hat sich eine über das Bett die Hauptrolle verschafft?'«

Schmierfink: »Yvonne – Sie täuschen sich! Wir wollen doch nur die Wahrheit hören!«

Sigrist: »O.k., die Wahrheit ist: Da ist nichts, ich kann Ihnen leider nichts anderes sagen. Wollen Sie wirklich die Wahrheit hören oder doch nur etwas, das sich toll anhört und Ihre Sensationslust zufrieden stellt? Oder wissen Sie etwa nicht, dass mein Regisseur gerade frisch liiert ist?«

Schmierfink, zum Manager gewandt: »Ist das richtig, Markus, können Sie das bestätigen?«

Der Manager: »Wissen Sie, was eine Unterlassungsklage ist, Peter?«

Schmierfink, verblüfft: »Aber Markus, so müssen wir doch wirklich nicht miteinander reden!«

Das Interview ist beendet. O.k., niemand kann garantieren, dass es den glatten Schmierfink und seinen noch glitschigeren Chefredakteur nicht doch vehement in den Fingern juckt, dem Jungstar eins reinzuwürgen. Die Story wäre tausendmal besser, man könnte ja auch das Interview im Wortlaut abdrucken und einen kleinen netten Zusatztext dazu schreiben, eine süße kleine Bildunterschrift beispielsweise – unter ein Foto, das Sigrist und Baumann gemeinsam auf dem Presseball zeigt? Tja, niemand ist sicher, wenn Schmierfink ihn erst einmal auf dem Kieker hat.

Trotzdem haben Yvonne Sigrist und ihr Manager ihre Sache gut gemacht. Schmierfink hatte erwartet, eine naiv-blauäugige Tussi mit hübschem Gesicht anzutreffen, die sich einlullen lässt. »Entweder beherrschen sie und ihr vermaledeiter Manager das Spiel des gegenseitigen Benutzens zwischen Presse und Promi noch nicht oder sie will echt bei ihrem Sauberfrau-Image bleiben,« denkt der Redakteur. Wie dem auch sei, sie war zunächst höflich, aber hartnäckig bei ihrer Version der

Geschichte geblieben und hatte ihn dann mit einer unverschämten und bissigen Gegenfrage aus dem Konzept gebracht: »Oder wissen Sie etwa nicht, dass mein Regisseur gerade frisch liiert ist?« Und dann auch noch der Manager mit der Frage nach der Unterlassungsklage!

Schmierfink ist nicht auf den Mund gefallen, aber der ganze Gesprächsverlauf bewog ihn doch dazu, auf die Gegenfragen nicht einzugehen.

Wie wehren Sie sich gegen Gegenfragen?

1. Falls Sie selbst in die Situation kommen, dass Ihre Fragen mit Gegenfragen beantwortet werden, zeigen Sie nach Möglichkeit nicht Ihre Verärgerung, sondern bleiben Sie sachlich.
2. Machen Sie deutlich, dass Ihre Fragen unbeantwortet blieben, und verweisen Sie darauf, dass eine Gegenfrage keine Antwort ist, etwa mit den Worten: »Entschuldigung, warum antworten Sie mir stets mit einer Gegenfrage?«
3. Lassen Sie es im Wiederholungsfall dabei aber nicht bewenden, sondern geben Sie auf die Gegenfrage eine kurze sachliche Antwort und wiederholen Sie dann nochmals Ihre eigene Frage.

1.2 Gesprächstechniken

1.2.1 Ablenkungstechnik

Diese Gesprächstechnik ist uns aus der Politik wohl bekannt. Denken Sie an Talkshows à la »Sabine Christiansen«. Die Moderatorin stellt eine konkrete Frage an den Bundesfinanzminister, zum Beispiel: »Herr Minister, die Steuerreform ist sicherlich ein zentrales Thema im laufenden Bundestagswahlkampf. Wir wollen es wissen – werden Sie den Spitzensteuersatz senken oder wird er auf dem hohen Niveau verbleiben, auf dem er ist?«

Obwohl der oberste Kassenwart der Nation gründlich genervt ist von dieser Frage, die ihm von Hinz und Kunz und Krethi und Plethi der Zeitungen und lokalen Rundfunksender zwischen Nordfriesland und dem Oberallgäu täglich zehn Mal gestellt wird, lächelt er cool in die Kamera, zeigt die strahlend weiße obere Zahnreihe und freut sich: »Ich habe diese Frage erwartet, sehr verehrte Frau Christiansen, und die Zuschauer und Zuschauerinnen haben ein Recht, dies zu erfahren. Nur müssen Sie natürlich berücksichtigen, dass man nicht alleine über den Spitzensteuersatz reden kann und darf, der ja nur relativ wenig Leute trifft in unserem Land. Außerdem müssen wir, wollen wir wirklich ernsthaft über die Sache reden, die Steuerpolitik im Zusammenhang mit den Sozialabgaben beurteilen, denn ich denke, weder die Arbeitnehmer noch die Arbeitgeber hätten Verständnis dafür, gerade den Bereich auszuklammern, der von unserer Vorgängerregierung absolut außer Acht gelassen wurde. Und sehen Sie – wir haben doch durch die Einführung der Ökosteuer die Beiträge zur Rentenversicherung zum ersten Mal unter die 20-Prozent-Marke drücken können. Und dies ist ganz klar ein Erfolg dieser Regierung ...« Und so weiter und so fort.

Sind Sie mitgekommen? Klar, dem Minister fällt im Traum nicht ein, Frau Christiansen oder wie immer sie heißt, heute auf die Nase zu binden, ob sich am Spitzensteuersatz etwas ändern wird oder nicht. Schließlich steht die amtliche Steuerschätzung, die unabhängige Experten zweimal im Jahr vorlegen, noch aus, und es wäre russisches Roulette, sich jetzt schon festzulegen.

Deshalb lenkt der mit allen Gesprächstechniken gewaschene Politiker ab, und zwar in eine Richtung, aus der der Regierung kein Herbststurm, sondern ein warmes Maienlüftchen ins Gesicht weht.

Selbstverständlich wird die tapfere Frau Christiansen nachhaken und mehrfach während ihrer Show auch mit Hilfe der anderen Diskutanten penetrant auf dem Spitzensteuersatz herumreiten. Das gehört zu ihrem Job und der Zuschauer würde es ja auch wirklich gerne wissen.

Der Minister lenkt das Gespräch jedoch immer wieder geschickt aus dem Treibsand der Verfänglichkeit – und wenn er sich letztlich bei der Pferdesteuer in Schleswig-Holstein befindet (die gibt es wirklich!) und über die zahlreichen Aufgaben des Bundes klagt im Vergleich zu den immer noch sprudelnden Einnahmen der Kommunen, dann wird auch der letzte Zuschauer auf der Fernsehcouch gähnend begriffen haben, dass der Finanzminister heute über alles reden wird, nur nicht über diesen vermaledeiten Spitzensteuersatz.

Dem Politiker gelingt dies aber nur, weil er das Frage-Antwort-Spiel aus dem Effeff beherrscht. Zum Erfolg seiner ständigen Ausweichmanöver tragen folgende Umstände bei: Einfallsreichtum, was artverwandte Themen betrifft, ein oder zwei gelungene politische Aktionen in der laufenden Legislaturperiode, die er konsequent und sattsam von allen Seiten beleuchtet und damit zehn oder 20 Misserfolge in den Hintergrund drängt, viel Charme, eine gehörige Portion Zahnpastalächeln – vor allem aber: die Riesen-Klappe einer Fischverkäuferin auf dem Münchener Viktualienmarkt.

Im Ernst: Die Gesprächstaktik der Ablenkung müssen Sie beherrschen – und zwar nicht nur, wenn Sie in die Politik gehen wollen (überlegen Sie sich diesen Schritt sehr genau!), sondern auch grundsätzlich, wenn Sie sich aus einer verfänglichen Gesprächssituation herauswinden müssen.

Gute Rhetoriker vermeiden bei professioneller Anwendung dieser Gesprächstechnik übrigens den Eindruck des bloßen »Schwafelns«. Nein: Sie kommen vom Hundertsten ins Tausendste und immer wieder fällt ihnen ein neuer Aspekt, ein noch nicht vertieftes Detail ein. Sie gehen mit der Sprache um wie ein guter Zauberkünstler, der zur Verblüffung seines Publikums immer wieder ein neues Kaninchen aus dem Hut zieht.

Die Regeln:

1. Wenn ich auf eine konkrete Frage nicht antworten kann, weil ich keine Lüge riskieren will, muss ich Alternativen aufzeigen und die Aufmerksamkeit des Gesprächspartners auf diese Alternativen lenken.
2. Die Alternativen müssen in einem inhaltlichen Zusammenhang mit der eigentlichen Frage stehen (der Finanzminister kann nicht über das Wetter reden, wenn er nach dem Spitzensteuersatz gefragt wird).
3. Dieser Zusammenhang muss offensichtlich sein, und die Beantwortung der gestellten Frage wird als abhängig von dem Gesamtkontext dargestellt. Berühmte Redewendungen in diesem Zusammenhang: »Die Welt ist komplexer, als Sie denken ...«, »Diese Frage lässt sich nicht so einfach mit einem Satz beantworten ...«, »Wenn wir uns wirklich ernsthaft mit der Thematik auseinander setzen wollen, gehört noch dies und jenes und überhaupt das und das dazu ...« oder auch »Wissen Sie, ich bin gegen einfache Antworten ...« oder: »Ich bevorzuge keine Schwarzweiß-Bilder ...« Darauf-

hin folgt die Schilderung des Zusammenhangs und die Ablenkung auf das alternative Rede-Schlachtfeld.

4. Auch wenn der Gesprächspartner hartnäckig bleibt und immer wieder eine klare Antwort auf seine Frage verlangt, bleibe ich bei den thematischen Alternativen (im klar umrissenen Zusammenhang!). Je häufiger er nachhakt, desto ruhiger, freundlicher und sachlich-erklärender werde ich und desto eher wird er unglaubwürdig – weil er offensichtlich eindimensional und »verständnislos« auf einem Punkt herumhackt, ohne das »große Ganze« begriffen zu haben und »richtig« einzuordnen.

Im Schach wird diese Technik häufig mit einem so genannten »Flügelwechsel« angewendet. Weiß setzt Schwarz beispielsweise auf dem Königsflügel (die Seite des Königs) unter Druck, Schwarz lenkt mit einer Scheinattacke auf dem Damenflügel ab, zersplittert so die Kräfte des Gegners und mindert den Druck auf sein Zentrum.

1.2.2 Die Technik der vorgetäuschten Ignoranz

»Auflaufen lassen durch gespielte Ignoranz« ist die beste Umschreibung für diese Gesprächstechnik, die allen Normen und Wohlverhaltensregeln in der zwischenmenschlichen Kommunikation zuwiderläuft. Richtig angewendet zermürbt sie (fast) jeden Gegner.

Kai Bergmann ist Bereichsleiter mit Personal- und Budgetverantwortung. In seinem Sekretariat mit drei Mitarbeiterinnen hat er die

Chefsekretärin zu seiner informellen Assistentin gemacht. Die Dame leistete in den vergangenen Jahren ganz hervorragende Arbeit und half Bergmann über ihren eigentlichen Arbeitsbereich hinaus bei der Anbahnung neuer Kundenkontakte und im operativen Geschäft.

Bei absoluter Loyalität zur Firma sowie vorbildlicher Pünktlichkeit und hoher Effizienz waren Überstunden nie ein Thema für die Angestellte. Bergmann will sich erkenntlich zeigen und seine Assistentin in eine Gehaltsstufe hieven, die über dem unternehmensintern geregelten Salär einer Chefsekretärin liegt. Als direkt zupackender, sehr kreativer und manchmal vielleicht »unkonventionell« auftretender Mitarbeiter hält Bergmann dies für reine Formsache.

Von wegen! Personalchef Jochen Strittmacher argumentiert in der Bereichs- und Abteilungsleiterversammlung bei Tagesordnungspunkt 4 »Assistentinnen-Gehalt für Miriam Schubert« in aller Ruhe: »Dazu muss ich Ihnen sagen, Herr Kollege, dass wir eigentlich keinen Präzedenzfall im Unternehmen schaffen dürfen. Die Arbeitsleistung der Dame in allen Ehren – aber Frau Schubert ist als Sekretärin eingestellt worden und wird als solche bezahlt.«

Bergmann stutzt und nimmt einen zweiten Anlauf: »Sie müssen sehen, Herr Kollege, dass Frau Schubert sich in all den vergangenen Jahren aus eigener Initiative und mit großem Engagement in Verantwortungsbereiche hineingearbeitet hat, die über den durchschnittlichen Erwartungen liegen, die wir von Sekretärinnen haben dürfen.«

»Gut, Herr Kollege,« kontert Strittmacher, »Frau Schubert ist motiviert und ehrgeizig. Das ist richtig. Wir dürfen jedoch keinen Präzedenzfall im Unternehmen schaffen.«

Bergmann nachdrücklich: »Ich weiß, dass Sie das Gehaltsgefüge im Auge haben müssen, das ist mir klar. Sie werden mir doch aber darin zustimmen, dass wir ein modernes Unternehmen sind mit flachen

Hierarchien und durchlässigen Führungsstrukturen und dass wir guten Mitarbeitern Aufstiegs- und Entwicklungschancen bieten wollen ...«

Strittmacher, betont sachlich: »Gegen diese Charakterisierung habe ich überhaupt nichts, aber noch einmal: Wir dürfen keinen Präzedenzfall schaffen. Was soll ich den Sekretärinnen des Vertriebschefs oder den Damen in der Marketingabteilung erzählen, wenn diese auch auf den Gedanken kämen, Assistentinnen des Bereichs- oder Abteilungsleiters werden zu wollen? Das sprengt meine Personalkosten auf dieser Ebene.«

Bergmann mit einem irritierten Blick in Richtung Geschäftsleitung: »Kollege Strittmacher, es handelt sich um eine Ausnahme! Ich habe nicht verlangt, dass Sie die Gehälter aller Sekretärinnen in dieser Firma um eine Stufe erhöhen. Ich spreche nur von Frau Schubert, die mit beispiellosem Elan und ohne Rücksicht auf die eigene Freizeit für dieses Unternehmen hart arbeitet und weit mehr Aufgaben erledigt als jede Sekretärin, die ich bislang beschäftigt habe! Außerdem muss niemand von den anderen Damen im Hause davon erfahren ...«

Der Personalchef bleibt eisern: »Herr Bergmann, seien Sie bitte nicht naiv! Sie wissen so gut wie ich, dass zwar in jedem Anstellungsvertrag die Weitergabe von Informationen über das jeweilige Gehalt an andere Mitarbeiter mit der Strafe der Kündigung bedroht wird, dass aber in Wirklichkeit über kein anderes Thema so oft gesprochen wird – gerade, mit Verlaub, in Sekretärinnenkreisen.«

Bergmann, jetzt ziemlich angefressen: »Lassen Sie das doch! Wie will ich denn wirklich motivierte Mitarbeiter weiter motivieren? Soll ich Frau Schubert sagen: ‚Es tut mir Leid, der Firma genügt es, wenn Sie Ihren Sekretärinnenjob machen. Arbeiten Sie künftig gefälligst weniger und mischen Sie sich nicht in Dinge ein, die Sie nichts angehen?«

Strittmacher hebt die Augenbrauen: »Ich weiß nicht, was Sie Frau Schubert versprochen haben, Herr Kollege. Ich kann nur noch einmal betonen, dass wir meiner Auffassung nach keinen Präzedenzfall im Unternehmen schaffen dürfen ...«

Jetzt läuft Bergmann Gefahr, aus der Rolle zu fallen: »Ich nehme zur Kenntnis, dass Sie immer wieder dasselbe sagen, Herr Strittmacher. Ich kenne das! Sie bewegen sich keinen Millimeter aus Ihrer Spur und bringen so Unruhe ins Haus. Das kann man doch nur so sagen,« ärgert sich Bergmann.

Der Personalchef gelassen: »Ich verstehe, dass Sie damit nicht einverstanden sind, da Sie Ihrer Sekretärin offensichtlich versprochen haben, hier in dieser Runde ihre Beförderung zur Assistentin durchzuboxen. Aber noch einmal: Wir dürfen keinen Präzedenzfall schaffen ...«

Tja, Jochen Strittmacher ist durch nichts zu beeinflussen, von niemandem aus der Ruhe zu bringen und selbst, wenn »der Chef« ihm einen Wink geben würde, eine Ausnahme von der Regel zu akzeptieren – er würde auch in diesem Fall höflich, korrekt aber sehr bestimmt sagen: »Wir dürfen keinen Präzedenzfall schaffen ...«

Mitarbeiter wie Strittmacher sind »Gold wert«, im wahrsten Sinn des Wortes. Leute seines Schlages sind ebenso hart wie uneinsichtig, aber ungeheuer effizient, was die Durchsetzung der eigenen Überzeugungen betrifft.

Ihre Gesprächstechnik ist unkommunikativ, sie hören niemals zu und gehen auf andere Argumente nicht ein; sie interessieren sich nicht für »Befindlichkeiten« anderer Menschen, sie fragen nicht nach Motivationen oder Intentionen. Ihre Philosophie lautet: »Was ich einmal als richtig erkannt habe, das gilt. Das ist die Regel und davon kann es keine Ausnahme geben.« Diese Überzeugung ist ein Dogma und eine wichtige Eigenschaft von Dogmen ist, dass ihr Wahrheitsgehalt immer wieder bestätigt werden muss – sonst verlieren sie an Kraft. Und dies geschieht durch Wiederholung, ständige und stereotype Wiederholung. Nur dadurch lassen sich undifferenzierbare »Wahrheiten« betonieren.

Sie werden nicht überrascht sein, zu hören, dass Strittmacher noch keine einzige Niederlage hat hinnehmen müssen. Wo der Betonmischer mahlt, haben Stuckateure ihr Recht verloren. Er zermürbt und frustriert sie.

Die Regeln:

1. Sie stehen vor einer Gesprächssituation, in der jemand etwas von Ihnen verlangt oder in der Sie etwas abwenden müssen, das Sie keinesfalls akzeptieren würden.
2. Sie bleiben in jeder Lage freundlich und korrekt, aber bestimmt, und versteifen sich auf eine verbale »Formel«, die Ihre Überzeugung auf den Punkt bringt.
3. Sie machen nicht viele Worte, sondern wiederholen so oft wie möglich Ihre »Formel«.
4. Argumente der Gegenseite wischen Sie durch die penetrante Wiederholung Ihrer »Formel« vom Tisch. Sie vermitteln zwar nicht den Eindruck, nicht zuzuhören, doch Sie hören tatsächlich nicht zu. Je weniger Sie zuhören, desto eher wird es Ihnen gelingen, hart zu bleiben.
5. Ihr Gesprächspartner wird rasch den Schluss ziehen, dass mit Ihnen »nicht zu reden« ist.

1.2.3 Pausentechnik

Auch hier geht es darum, »unmoralische« Angebote bzw. Forderungen abzuwehren. Kommt beispielsweise ein solches Ansinnen in Verhandlungen auf den Tisch, reagiert der normale Gesprächspartner mit Sätzen wie: »Das geht nicht, das ist ganz und gar unmöglich!«

Damit befinden Sie sich schnell in einer kommunikationsspezifisch ungünstigen Situation – Sie fühlen sich mit dem »Rücken an der Wand« oder signalisieren Ihrem Gegenüber: »Du willst mich über den Tisch ziehen!« In jedem Fall keine gute Ausgangsposition für weitere Verhandlungen, weil sich der Gesprächspartner leicht persönlich angegriffen oder nicht ernst genommen fühlt und sich so psychologische Barrieren in der Kommunikation aufbauen, die kaum mehr übersprungen werden können.

Besser ist es deshalb – wie immer! – mit Ruhe und Bedacht zu reagieren. Noch dazu ist diese Technik ausgesprochen ergebnisorientiert und Sie können nicht nur erfolgreich etwas abwehren, sondern meist sogar die Intention des Verhandlungspartners ins Gegenteil verkehren.

Stellen Sie sich eine typische Verhandlungssituation vor: Ihr Gesprächspartner hat bislang schon einiges erreicht und Sie befinden sich bedauerlicherweise in einer wenig komfortablen Situation, in der Sie Zugeständnisse machen müssen, um den von Ihnen ersehnten Auftrag auch wirklich zu erhalten. Die Liefer- und allgemeinen Vertragsbedingungen schmecken Ihnen keineswegs; sie sind hart, aber trotzdem zu realisieren, und die Zusagen, die Sie bislang gegeben haben, sind nicht unseriös. Außerdem bleibt unter dem Strich auch noch etwas übrig. Das Geschäft ist also immer noch rentabel.

Nun aber kriegt Ihr Verhandlungs-Gegenüber den Hals plötzlich nicht mehr voll – das entzückte Glitzern in seinen Augen während der vergangenen halben Stunde, in der er Mal um Mal seine Vorstellungen durchsetzen konnte, hätte Sie warnen müssen. Jetzt will er »auf alles« auch noch fünf Prozent! Ohne mit der Wimper zu zucken ...

Sie schlucken. Und? Sie denken: »So eine Unverschämtheit, der meint wohl, mit mir machen zu können, was er will. Ich bin doch kein Depp!«

Er weiß, dass Sie so denken. Ihre plötzlich schmal gewordene Oberlippe, Ihr verhärteter und nach innen gekehrter Blick verrät Sie. Das aber ist ihm egal – Hauptsache, er kriegt seine fünf Prozent.

Nichts zu machen? Doch, natürlich gibt es eine Abwehrstrategie, die meist auch bei hart gesottenen Verhandlungspartnern nicht ihre Wirkung verfehlt.

Handeln Sie mit Ruhe und Bedacht! Und welche Ruhe könnte tiefer sein als die des Schweigens. Schweigen Sie – entweder mit einem sehr ernsten Gesichtsausdruck oder auch mit einer leicht amüsiert wirkenden Miene, die jedoch niemals ins Zynische abkippen sollte! Und schweigen Sie vor allem so lange, bis er wieder etwas sagt. Reden Sie keine Sekunde früher Ihr erstes Wort!

Warum? Was bringt es zu schweigen, wenn Sie Ihrem Verhandlungspartner in Wirklichkeit am liebsten an die Gurgel springen würden und ihn für einen unverschämten Halsabschneider halten?

Viel, möglicherweise auch alles. Denn wenn es sich bei Ihrem Gesprächspartner um einen normal sozialisierten Menschen handelt, wird er Ihre Pause als Vorwurf verstehen. Er wird Ihr Schweigen als schwerwiegende und deutliche Reaktion auf seine unseriöse Forderung werten und seine Irritation wird umso länger anhalten und umso tiefer sein, je länger Ihre Gesprächspause andauert. Sie machen ihm damit klar, dass er den Rahmen gesprengt und Sitte und Anstand verletzt hat. Er steht sozusagen im Abseits, und wenn es normal läuft, sollte es mit dem Teufel zugehen, wenn er nicht entweder einen kompletten Rückzieher macht oder seine Forderung nicht zumindest stark reduziert. Denn auch ihm liegt ja am Gespräch und auch er zielt ja auf einen Verhandlungsabschluss.

Viele Erfahrungen zeigen übrigens, dass eine solche Pause kaum erklärungsbedürftig ist. Die meisten Menschen spüren die »kalte Schulter« sehr deutlich, und es ist ihnen ausgesprochen peinlich, sich später die Ursache dafür darlegen zu lassen. Sie verzichten lieber darauf und geben dem Gespräch eine andere Richtung.

Die Regeln:

1. Wenn der Verhandlungspartner eine unseriöse Forderung formuliert hat, versuchen Sie Ihre Emotionen unter Kontrolle zu halten. Reagieren Sie keinesfalls mit lautstarker Ablehnung.
2. Achten Sie auf Ihre Gesichtszüge und Ihre Gestik. Mahnen Sie sich zur Ruhe und setzen Sie eine möglichst »neutrale« bzw. distanzierte oder aber leicht amüsierte Miene auf.
3. Lehnen Sie sich am besten in Ihrem Stuhl zurück und sehen Sie Ihrem Gesprächspartner ruhig in die Augen. Halten Sie seinen (normalerweise irritierten) Blick aus und schweigen Sie.
4. Schweigen Sie so lange, bis er wieder das Wort ergreift.
5. Wenn er nachfragt – etwa: »Gefällt Ihnen das nicht?« oder »Sie sind damit wohl nicht einverstanden?« –, schweigen Sie entweder noch weiter oder fragen Sie ihn ruhig zurück:

> »Ich habe Sie, denke ich, nicht richtig verstanden« oder aber »Haben Sie noch weitere Vorstellungen?«
>
> 6. Lassen Sie sich im weiteren Verlauf des Gespräches in keinem Fall aus der Ruhe bringen und behalten Sie zumindest einen »mundfaulen« Kurs bei, um ihn nicht zu einem weiteren Formulierungsversuch zu ermuntern.

1.2.4 Unterbrechungstechnik

Auch diese Gesprächstechnik ist oft in der politischen Debatte anzutreffen. Kein Wunder – Politiker müssen vor allem eines können: reden. Ob sie auch etwas zu sagen haben – oder sagen wollen –, bleibt dahingestellt.

Sie kennen Kommentare oder Einwürfe dieser Art: »Lassen Sie mich doch endlich einmal ausreden ...« oder »Ich unterbreche Sie doch auch nicht ständig!«

Wenn Politiker in den beliebten Fernsehtalkshows zum Ende eines ereignisreichen Wochenendes in Berlin oder Hamburg die Reise nach Jerusalem spielen (wer wird heute Abend rhetorisch am schlechtesten »aussehen«), hat die Unterbrechungstechnik Hochkonjunktur. Und dies ist kein Zufall: Der Gegner, die Gegnerin, verliert nicht selten den Faden, verhaspelt sich, gerät aus dem Konzept, vergisst vielleicht doch das ein oder andere Argument, wird zumindest im Redefluss gebremst und wirkt meist nicht mehr so überzeugend.

Eine Untugend, richtig. Ärgerlich für den Zuschauer, gewiss. Aber äußerst wirksam für denjenigen, der sich durchsetzen will. Eines ist nämlich komisch an der Unterbrechungstechnik: Wenn sie geschickt angewendet wird, trifft der Ärger der Zuschauer oft nicht den, der unterbricht, sondern häufiger den, der sich nicht unterbrechen lassen will und meist verärgert (und mit zu lauter Stimme) reagiert. Denn eins mögen besonders wir Deutsche offensichtlich nicht: Das öffentliche »Abbürsten« eines politischen Gegners. Da schallt es dann oft von der Wohnzimmercouch: »Mensch, ist der aggressiv. Hast du das mitgekriegt, wie der den angegangen hat?!« Alles soll dann doch bitte recht harmonisch sein – politischer Streit ja, aber bitte wohl temperiert.

Auch in geschäftlichen Gesprächssituationen zeigt diese Technik durchaus nachhaltige Wirkung. Wenn Sie beispielsweise bei einer Projektbesprechung ein Konzept nicht hören wollen (oder nicht hören lassen wollen), sollten Sie dem tapfer Vortragenden schnöde ins Wort fallen. Am besten mitten ins Wort – und immer wieder.

Ein Beispiel:

Meier: »Ich will jetzt versuchen, die zweite Phase näher zu erläutern, da- ...«

Müller: »Warum versuchen?«

Meier: »Pardon, nur so eine Redewendung ... damit Sie sich vorstellen können, wie die Maschine ausgerich- ...«

Müller: »Ich dachte, es handelt sich um mehrere Aggregate.«

Meier: »Ja, wir nennen es der Einfachheit halber Maschine ... Also: damit Sie sich vorstellen können, wie die Aggregate ausgerichtet sein müssen. Der Prototyp hat übri- ...«

Müller: »Prototyp? Sind wir noch nicht weiter?«

Meier: »Tun Sie mir doch bitte einen Gefallen und lassen Sie mich meine Ausführungen mal zu Ende machen, sonst ...« Und so weiter.

Damit haben Sie Ihr Ziel schon erreicht. Nichts bringt uns so gegen andere auf als ständige Unterbrechungen. Wir geraten aus dem Tritt – wie ein Tennisspieler, der seinen »Rhythmus« verloren hat. Wenn dieser wirklich gut aufschlägt, der Gegner aber selbst die härtesten Hämmer cool retourniert, kommt er nicht ins Spiel. Keine Chance. So ist es auch bei der verbalen Kommunikation. Der Grund: Ständig unterbrochen zu werden, überrascht, verletzt und irritiert uns. Es widerspricht den ungeschriebenen Gesetzen der Höflichkeit ebenso wie der Effizienz der Kommunikation. Wichtig bei der Anwendung dieser Technik ist, dass der Gegner mitten im Wort unterbrochen wird. Ihn jeweils einen Satz ausreden zu lassen und dann zu unterbrechen, hieße dieser finalen Technik die Spitze zu nehmen.

Die Regeln:

1. Unterbrechen Sie den Redefluss des anderen bereits am Anfang. Er soll erst gar nicht »ins Spiel kommen«.
2. Unterbrechen Sie mitten im Wort. Fragen Sie nach der genauen Bedeutung des eben Gesagten und legen Sie, nachdem Sie sich kurz weitere Ausführungen anhören, erneut mit derselben Frage nach. Zum Beispiel: »Entschuldigen Sie, aber ich habe das immer noch nicht ganz verstanden; ich denke, es geht hier auch anderen so ...«
3. Wenn der Gesprächspartner, Vortragende etc. sich gegen die Unterbrechungen erstmals wehrt, tun Sie harmlos, zucken Sie mit den Schultern und sagen etwa: »Sorry, aber ich denke das ist wichtig ...«
4. Wenn Sie besonders infam sein wollen (oder müssen?), entschuldigen Sie sich öffentlich am Schluss der nun etwas

zerstreut wirkenden Ausführungen für Ihre Unhöflichkeit: »Seien Sie mir nicht böse, aber ich bin jemand, der immer sofort hinterfragt ...«

Eine andere Möglichkeit, sich gegen die Unterbrechungstechnik zu wehren, besteht übrigens auch darin, schlichtweg und stur weiterzureden und nicht auf die Unterbrechungsversuche einzugehen. Wichtig sind hierbei zwei Dinge:

1. Sie müssen Selbstbewusstsein und Ruhe ausstrahlen sowie Ihre Gestik und Mimik kontrollieren: keinesfalls den Eindruck aufkommen lassen, dass Sie die Einwürfe, Zwischenrufe und Unterbrechungen irritieren. Dadurch haben Sie die Chance, den »Störer« ins Leere laufen zu lassen. Andere Gesprächsteilnehmer (zum Beispiel bei einer Konferenz) werten Unterbrechungen dann oft als unqualifiziert.
2. Wenn Sie ein längeres Statement geben und auf Unterbrechungen gefasst sein müssen (weil Sie beispielsweise nicht die Mehrheitsmeinung vertreten oder »unangenehme Wahrheiten« formulieren), benützen Sie bitte eine bestimmte Verbindungs- und Pausentechnik, mit der Sie
   - das letzte Wort des vorhergehenden Satzes und das erste Wort des neuen Satzes miteinander verbinden. Dabei senken Sie am Satzende nicht die Stimme (so wird ansonsten das Punkt-Satzzeichen »gesprochen«), sondern lassen Sie in gleicher Tonhöhe und
   - betonen aber Kernworte inmitten der Sätze. Vor jeder Betonung machen Sie vorher eine kurze Kunstpause. Dies würde dann folgendermaßen aussehen:

»Ich bin der festen Überzeugung, dass sich der ... Neue Markt sehr bald wieder ... erholen wird. Denn an den Prämissen des ... Strukturwandels, meine sehr geehrten Damen und Herren – an der kontinuierlichen ... Verkürzung der ... Innovationszyklen, der ... steigenden Konkurrenz im ... Wettbewerb der Finanzdienstleister und der ... Vernetzung der Volkswirtschaften durch die ... Globalisierung – hat sich nichts geändert. Im ... Gegenteil: Sie treten ... deutlicher zu Tage als je zuvor.«

1.2.5 Wiederholungs- und Hinhaltetechnik

Es gibt Gesprächssituationen, die überfordern. Wir wissen nicht ad hoc, was wir von etwas – von einem Vorschlag, einer Idee, einer Forderung – halten sollen und benötigen Zeit, um darüber nachzudenken. Diese Zeit haben wir aber nicht immer. Was ist zu tun?

Hier kann die Wiederholungs- und Hinhaltetechnik helfen. Sie ist ebenso simpel wie effizient und verschafft uns wenigstens einige Sekunden oder Minuten des Nachdenkens, die manchmal sehr wichtig sein können. Vielleicht wollen wir auf einen Vorschlag überhaupt nicht eingehen, ohne ihn brüsk vom Tisch wischen zu wollen, vielleicht wollen wir aber auch, dass der Gesprächspartner nochmals über seine Worte nachdenkt, um die Kommunikation und den Entscheidungsprozess so in eine uns genehmere Richtung zu lenken.

Die Vorgehensweise ist einfach: Sie wiederholen einen Teil des von Ihrem Gesprächspartner Gesagten und streuen sachfremde Dinge ein. Dadurch machen Sie ihm seine Worte »bewusster« und gewinnen Zeit, um zu einer sinnvollen Entscheidung zu kommen.

Ein Beispiel:

Herr Sacher, ein verdienter Mitarbeiter in Ihrem Unternehmen, hat bei Ihrem Sekretariat dringend um einen Termin gebeten. Sie vermuten, dass Sacher Sie um eine Gehaltserhöhung bitten will, und sind absolut überrascht, als er Sie um drei Wochen unbezahlten Sonderurlaub angeht.

Die Situation ist prekär, denn Sacher ist Leiter der Konstruktionsabteilung, die seit Wochen intensiv mit der Entwicklung eines Projekts beschäftigt ist. Eigentlich wollen Sie ihn nicht gehen lassen, da das Team besonders auf seine guten Ideen angewiesen ist.

Sacher: »Herr Müller, ich möchte Sie um drei Wochen Sonderurlaub bitten, unbezahlt natürlich.«

Müller: »Erst einmal guten Morgen. Wie geht es Ihnen eigentlich, Herr Sacher?«

Sacher: »Äh, ganz gut, danke! Ich hoffe, Ihnen auch! Äh, wie gesagt, ich wollte Sie um drei Wochen unbezahlten Sonderurlaub bitten.«

Müller (langsam und gedehnt): »Sie wollen mich also um drei (betont) Wochen Sonderurlaub – unbezahlt natürlich (betont) – bitten, Herr Sacher!?« Pause. »Wie geht es eigentlich Ihrer Familie?«

Sacher: »Nun, äh, ganz gut.«

Müller: »Wie geht es beim Liebinger-Projekt voran? Sie wissen, wir stehen zeitlich ziemlich unter Druck und haben einen reichlich straffen Terminrahmen akzeptieren müssen. Wir haben, lassen Sie mich nachrechnen und in den Kalender sehen, ja, wir haben nicht mehr ganz fünf Wochen für die Präsentation der Grundkonstruktion.« Pause. »Drei (betont) Wochen Sonderurlaub, sagten Sie?«

> Sacher: »Ja, äh, ich denke wir schaffen das schon. Die Aufgaben sind verteilt, jeder weiß, was er zu tun hat, und falls was Besonderes ist, bin ich ja unter meiner Handynummer zu erreichen ...«
>
> Müller: »Sie denken, Sie schaffen das schon, und sind ja unter Ihrer Handynummer zu erreichen, falls was Besonderes ist, sagen Sie ...«
>
> Sacher: »Ja, ich denke, das ist doch so in Ordnung, oder?«
>
> Müller: »Sie denken, das wäre ja so in Ordnung?«

Sie merken schon: Sacher wird immer unruhiger und ist sich seiner Sache bei weitem nicht mehr so sicher. Er hat Sie mit seinem Anliegen überrascht, Sie überraschen ihn jedoch auch, indem Sie nach seinem Befinden und nach seiner Familie fragen, besonders aber dadurch, dass Sie den Kern seiner Botschaft – »Ich bitte um drei Wochen unbezahlten Sonderurlaub« – in Teilen oder ganz wiederholen. Der Effekt: Sie halen ihm den Spiegel vor, machen ihm klar, wie ganz und gar unmöglich doch sein Anliegen ist. Deutlich wird Sacher dies, weil Sie seine Bitte selbst aussprechen. »Trick 17«: Das Anliegen klingt aus dem Mund des Chefs doch etwas seltsam und es wird Sacher klar, dass er über das Ziel hinausgeschossen ist. Zudem ahnt er, dass Sie sich aufgrund Ihrer Frage nach seiner Familie um sein Wohlbefinden und sein Verantwortungsgefühl Sorgen machen. »Stimmt was mit Ihnen nicht?« – Da klingt doch was mit ... Sie haben übrigens elegant an sein Verantwortungsgefühl apelliert!

Alles in allem haben Sie den Mitarbeiter mit dieser Technik verunsichert, ihn zumindest jedoch auf den Boden der Tatsachen zurückgeholt und ihn gezwungen, sein Anliegen auch einmal aus Ihrer Perspektive zu betrachten. Darüber hinaus haben Sie Zeit gewonnen. Sie können ihn jetzt bitten, sich das Ganze noch einmal durch den Kopf gehen zu lassen, und ihm ein Nachfolgegespräch einige Stunden später anbieten oder ihm einen Kompromissvorschlag unterbreiten – »Wie wäre es mit ein oder zwei Wochen, reicht das nicht?« Sie können also darauf spekulieren, ihm etwas abgehandelt und die schlimmsten Folgen abgewendet zu haben.

Die Regeln:

1. Sie sollen zu einer Entscheidung gedrängt werden, die Ihnen nicht behagt. Jemand »überfällt« Sie mit einer Bitte oder Forderung.
2. Sie benötigen Zeit, um über die Botschaft nachzudenken und das Schlimmste abzuwenden.
3. Der Kern der Botschaft ist Ihnen klar. Sie versuchen, durch gezielte Fragen vom Thema abzulenken und dem Gespräch eventuell eine andere Richtung zu geben.
4. Sie wiederholen – beiläufig – wichtige Worte oder Passagen Ihres Gesprächspartners und übernehmen seine Rolle.
5. Sie machen diese Wiederholungen so oft, bis Sie das Gefühl haben, dass beim Gesprächspartner ein Relativierungsprozess einsetzt und ihm die Absurdität oder Überzogenheit seiner Forderung einzuleuchten beginnt.

1.2.6 »Ja, aber ...«-Technik

Eine weit verbreitete Gesprächstechnik ist das »Ja, aber ...«. Hierbei wiederholt der Gesprächspartner zunächst den Standpunkt seines Gegenübers und bestätigt ihn – entweder ganz oder in Teilen. Danach formuliert er mit einem einleitenden »Aber ...« seinen eigenen Standpunkt, der bei geschickten »Aberern« diametral zur eingehenden Bestätigung stehen kann.

Mit dieser Technik ...

- gewinnen Sie Zeit und können durch die Wiederholung des gegnerischen Standpunktes Ihre eigene Auffassung überprüfen,
- machen Sie sich jemanden gewogen, dem Sie nicht sofort widersprechen oder ins Wort fallen wollen (oder können),
- vermitteln Sie zunächst den Eindruck des Einverstandenseins, um wenig später und überraschend in eine ganz andere Richtung vorzustoßen,
- machen Sie einem Gesprächspartner sehr deutlich, dass er mit seiner Meinung falsch liegt.

Die Regeln:

Für diese Technik gibt es einige Standardformulierungen. Zu Beginn sagen Sie beispielsweise: »Sie sind also der Auffassung, dass so und so, wenn ich Sie recht verstanden habe ...« oder »Ihre Meinung ist also, dass erstens und zweitens und drittens ...« Danach folgt Ihre eigene Interpretation, etwa »Wenn Sie einmal versuchen, die Sache von einer anderen Seite zu betrachten, muss ich aber doch sagen, dass ...« oder »Sind Sie aber nicht auch der Meinung, dass ...?« oder »Dem darf ich aber doch entgegenhalten, dass ...«. Bei einem Streitgespräch lässt sich nach der Wie-derholung des gegnerischen Statements das »Aber« natürlich noch mit einer gehörigen Prise Pfeffer würzen, etwa mit Formulierungen wie: »Sie wollen also im Ernst behaupten, dass ..., aber es ist doch so und so ...« oder »Wie kommen Sie denn um Himmels willen zu solchen Ansichten, wenn es sich aber doch so und so verhält ...«

1.2.7 Fremdwort-Technik

Wer kennt es nicht, das Seminaristen-Deutsch? Grässlich!
»Wenn Sie einmal darauf reflektieren, dass die Transformation der vormals osteuropäischen planwirtschaftlich determinierten Ökonomien primär mit Hilfe US-amerikanischen und japanischen Venturecapitals oder westeuropäischer Fiskalmittel flankiert worden ist, können Sie den Fokus auf die Irrationalität dieses komplexen politischen Prozesses legen.«

Ob Sie's glauben oder nicht: Dies ist ein Originalzitat aus einem Debattenbeitrag einer TV-Diskussionsrunde und übrigens nicht von einem Soziologie-Professor, sondern von einem Politiker. Kein Wunder, dass sich Unruhe im Publikum rührte und ein Gast laut murrte: »Wir sind nicht blöd und wissen, dass Sie sehr gescheit sind.«

Wer mit Fremdwörtern um sich schmeißt, verfolgt meist klar durchschaubare Ziele:

- Entweder will er deutlich machen, dass ihm der Gesprächspartner nicht gewachsen ist und mit ihm nicht auf derselben sprachlichen Ebene kommunizieren kann,
- oder dass er die Materie, über die er spricht, einwandfrei beherrscht,
- oder er will den anderen mit voller Absicht vor den Kopf stoßen und ihn aus taktischen Gründen demoralisieren.

Im ersten Fall handelt es sich nicht selten um arrogante Menschen, die sich in einer speziellen Situation in einem Umfeld bewegen, dem sie sich weit überlegen fühlen. Der zweite Fall ist oft bei Streitgesprächen zu beobachten, wo um Image und Renommee gebuhlt wird. Im dritten Fall können Sie sich folgende Situation vorstellen:

Die 17-jährige Franziska, sie besucht das Gymnasium in der 11. Klasse, hat ihren neuen Freund Ronald in der Disco kennen gelernt. Er ist Techniker, sehr sympathisch, sportlich, sieht gut aus und macht auch sonst einen patenten Eindruck. Nur, er ist kein großer Redner und sein Wortschatz ist eher bescheiden. Franziska führt Ronald bald in ihren Freundeskreis ein, der fast nur aus Gymnasiasten besteht. Hartmut, der immer schon ein Auge auf Franziska geworfen hatte, hat während des Pizzaessens schon etwas zu tief ins Bierglas geschaut und fragt Ronald über den Tisch: »Weißt du, was mich gerade beschäftigt?«

Ronald: »Nein ...?«

Hartmut: »Die Philosophie der Frankfurter Schule und die Dialektik von Herbert Marcuse.«

Ronald nickt höflich.

Hartmut: »Weißt du, was Dialektik ist?«

Klar, dass Ronald es nicht weiß und ihn die Situation überfordert. Hartmut bedeutet Franziska damit auf seine penetrante Art, dass sie sich in ihrer Wahl vergriffen habe und demoralisiert Ronald; der sollte es mit ihm wohl gar nicht erst aufnehmen.

Bei der Benutzung von Fremdwörtern in Gesprächen oder auch in der freien Rede das rechte Maß zu finden, ist nicht einfach – aber sehr wichtig. Der Einsatz zu vieler Fremdwörter klingt aufgesetzt, anmaßend, pseudo-intellektuell und hat den Geschmack des Bildungsbürgertums an sich, das sich vom Durchschnitt der »Normalmenschen« abheben will. Jemand, der es nicht lassen kann, in jeder Situation zeigen zu müssen, was er alles »drauf hat«, dem hört man nicht mehr gerne zu. Darüber hinaus missachtet er die wichtigste Grundregel der Kommunikation: »Ich spreche so, dass ich verstanden werde.«

Gleichwohl geht es nicht ganz ohne Fremdwörter. Der Versuch, alles ins Deutsche zu übersetzen, ist lächerlich und wirkt verkrampft. Wenn Sie ein Internetprofi sind und sich mit einem anderen Kundigen unterhalten, werden Sie nicht von »Netzanschrift«, sondern von »Webadresse« sprechen; möglicherweise wählen Sie aber durchaus das Wort »Suchmaschine« und vermeiden den englischen Ausdruck »search engine«. Fachausdrücke sollen Fachausdrücke bleiben und können kaum übersetzt werden, da sie Begriffsinhalte konkret symbolisieren, die eben so und nicht ein bisschen anders gemeint sind. Trotzdem sollte zielgruppenspezifisch kommuniziert werden, das heißt: Wenn ich will, dass jemand, der außerhalb meiner Fachwelt und deren Terminologie steht, etwas davon verstehen soll, was ich mache und denke, muss ich ihm die Zusammenhänge auch ohne die penetrante Wiederholung meiner »fachchinesischen« Ausdrücke nahe bringen können. Zugegeben: Das ist nicht immer leicht, sollte uns jedoch stets ein Anliegen sein!

Die Sprache besteht aus Symbolen für die Welt, in der wir uns bewegen. Diese Welt ist durch den Siegeszug der Coca-Cola-Company während der vergangenen fünfzig Jahre sprachlich und kulturell zunehmend »amerikanisiert« worden. Vielleicht einige wenige Pygmäenstämme oder vereinzelte Aborigines im Zentrum des australischen Outback wissen heute noch nicht, was ein Hamburger oder ein Laptop ist. Seit Jahrzehnten werden Partys und keine Feste mehr gefeiert, wir kaufen Businessanzüge und keine Geschäftskleidung, wir hören Pop und keine volkstümliche Musik, wir fahren unsere Autos in Carports und nicht in Freiluftgaragen, wir surfen im Internet und gleiten nicht im Netzwerk, wir nehmen unsere Musik auf dem Tape und nicht auf dem Band auf, wir zelebrieren Stars und keine Sterne des Films, wir tragen T-Shirts und keine Kurzarmleibchen, wir pflegen unseren Body im Fitnesscenter und nicht unseren Körper im Leibesertüchtigungszentrum, wir halten etwas für o.k. und nicht für gut, wir sprechen von Know-how und nicht von Wissen, wir machen Marketing und keine Werbung, wir gehen auf Events und nicht auf Ereignisse und so weiter und so fort.

Unsere Alltagssprache und ein großer Teil der Fachsprachen ist bis auf ihr höchstes Niveau von Amerikanismen oder Anglizismen durchsetzt. Die Welt ist auf dem Weg dazu, nicht nur politisch und wirtschaftlich, sondern auch sprachlich und kulturell zum 51. Bundesstaat der Vereinigten Staaten von Amerika zu werden. Man mag dies beklagen, aber es ist eine Tatsache. Die Sprachwelt der Werbung, die Sprachwelt der Musik, Literatur und Kunst, die Terminologie der Jugend, der Wirtschaft und der Börse: sie alle sind durchsetzt von Symbolbegriffen für den American Way of Life.

Diese Symbolbegriffe konsequent nicht zu verwenden, wie beispielsweise Bundespräsident Johannes Rau einmal in einer reichlich kulturpessimistischen Rede an die Fernsehnation forderte, ist – mit Verlaub – recht albern. Wer dies täte, wäre nicht mehr von dieser (Sprach-)Welt und würde all zu deutschtümelnd wirken. Trotzdem gilt es auch hier das richtige Maß zu finden. Wenn ein deutscher Sportreporter bei einer Fußballübertragung im Radio berichtet, dass ein Spieler einen bösen Cut über dem Auge davongetragen hat, anstelle einer Platzwunde, und wenn ein Fernsehmoderator seine Rede ständig mit dem Wörtchen »anyway« spickt, klingt dies genauso albern.

Der richtige Umgang mit Fremdwörtern ist nicht einfach. Einige Grundregeln:

- Es kann wohltuend wirken, wenn Sie für ein Fremdwort ein gleichwertiges deutsches Wort verwenden. Zum Beispiel: »Sie arbeitet äußerst genau« oder »Sie arbeitet mit größter

Genauigkeit« anstelle von »Sie arbeitet präzise«. Versuchen Sie aber niemals, gängige Fremdwörter einzudeutschen. Dies gilt sowohl für neutrale als auch für offensive oder defensive Gesprächssituationen.

- Überlegen Sie sich immer, mit wem Sie sprechen! Wollen Sie verstanden werden, liegt Ihnen etwas am Gesprächspartner – oder wollen Sie auftrumpfen? Wenn Sie zeigen wollen, dass Sie die Sprachwelt des Gesprächspartners beherrschen, genügt es, einige wichtige Fremdwörter seiner Sprachwelt einzustreuen.
- Machen Sie den Gesprächspartner darauf aufmerksam, wenn er Fremdwörter benutzt, die Sie nicht verstehen! Nichts wirkt lächerlicher als Fremdwörter zu übernehmen und falsch zu verwenden. Umgekehrt wirkt es oft befreiend und natürlich – und es schlägt keinen Zacken aus der Krone! –, konkret nach der Bedeutung eines Fremdwortes zu fragen.
- Wenn Sie sich in einer gesprächsspezifischen Abwehrsituation befinden und spüren, dass Ihr Gegenüber Sie mit dem Gebrauch von Fremdwörtern beeindrucken will, machen Sie ihn doch darauf aufmerksam, dass er »ruhig auch Deutsch« mit Ihnen sprechen kann; Sie beherrschten Fremdsprachen ebenso wie er, doch er müsse sich wirklich nicht so abmühen ...
- Befinden Sie sich hingegen in einer Angriffssituation, so können Sie jemanden mit der bewussten und punktgenauen Anwendung von Fremdwörtern verblüffen. Dies führt im Normalfall zur Verunsicherung des Gesprächspartners.

1.3 Zusammenfassung

1. Mit geschlossenen Fragen zielen Sie darauf ab, möglichst konkrete Antworten zu erhalten. Darüber hinaus kennen Sie eventuell bereits die Antwort und wollen eine Bestätigung oder aber Sie haben einen rhetorischen Profi vor sich, dessen Redefluss und Argumentationslinie Sie stören bzw. stoppen wollen. Eine Abwehrstrategie gegen geschlossene Fragen, die Sie möglicherweise »festnageln« könnten, besteht im »Aufbrechen« der Fragen mit Hilfe zusätzlicher Erklärungen und Anmerkungen.
2. Offene Fragen werden hingegen dazu benutzt, einen Gesprächspartner zum Reden zu bringen. Dabei wollen Sie eine Debatte informativ und lebendig gestalten und müssen die Teilnehmer »warm« machen, Sie müssen »Zungen lockern«, um Informationen »herauszukitzeln« oder Sie wollen jemanden dazu verleiten, mehr zu sagen, als gut für ihn ist. Offene Fragen werden meist mit den so genannten W-Fragen eingeleitet: wer, wann, wo, was, wie, warum, weshalb, wodurch, womit, woher?
3. »Nur der Dumme hat keine Fragen,« weiß der Volksmund. Doch Fragen kann bei guten Antworten nicht nur lehrreich sein, sondern auch gefährlich – für den, dem solche Fragen gestellt werden. Bei gewieften Rhetorikern müssen Sie deshalb auf der Hut sein: Suggestiv-, Konjunktiv- oder auch Fangfragen sind meisterhafte »Verführer«, die nur darauf abzielen, Ihr Hirn ab- und Ihren Mund einzuschalten. Mögliche Abwehrstrategien sollten unbedingt trainiert werden.
4. Wie Fragetechniken sind auch die Gesprächstechniken Elemente einer Gesamtstrategie. Sie können in Teilen oder als Ganzes in manipulative rhetorische Strategien eingefügt werden, wie beispielsweise die Unterbrechungs- oder Pausentechnik. Gesprächstechniken haben ferner (fast) generell die Eigenschaft, sowohl zur Abwehr als auch zum Angriff eingesetzt werden zu können.

5. Von großer Bedeutung für die erfolgreiche Anwendung der Frage- und Gesprächstechniken ist das aufmerksame Zuhören.

2. Nonverbale Elemente: Körpersprache, Gestik und Mimik

Was erwartet Sie in diesem Abschnitt?
Sie erfahren,

- dass Rhetorik nicht »nur« eine Sache des Redens ist, sondern dass auch mit Händen, Füßen, dem Gesicht und den Extremitäten gesprochen wird und
- dass unsere äußere Erscheinung die Kommunikation beeinflusst.

2.1 Das »Was-Gesagte« und das »Wie-Gesagte«

Für den Überzeugungsgrad unserer »Botschaften« ist nicht nur ihr allgemeiner Inhalt und ihre innere Logik, ihre Zielgruppenorientierung und ihre strukturelle Qualität von Bedeutung, sondern auch die Art und Weise, mit der sie vorgetragen werden. Diese nonverbalen Elemente – die Mimik des Gesichts, die Gestik der Hände und die Körperhaltung – können, um die Extremfälle anzuführen, das Gesagte positiv unterstützen aber auch konterkarieren.

Im ersten Fall empfindet der Adressat die verbalen und die nonverbalen Elemente der gesendeten Botschaft als überzeugende und logische Einheit. Er versteht das Gesagte nicht nur kognitiv, sondern auch intuitiv, weil Mimik, Gestik und Körpersprache die Worte sinnvoll und nachdrücklich unterstreichen. Im zweiten Fall ist es umgekehrt: Der Empfänger ist irritiert. Er hört und »versteht« kognitiv zwar das Gesagte, die nonverbalen Elemente der Botschaft des Senders »passen« jedoch nicht zu verbalen Elementen. Die Folge: Die Botschaft kommt nicht »rüber«.

Das Gesagte wirkt durch die Person, die es sagt, und vor allem dadurch, wie sie es sagt. Der Zu-hörer und Zu-schauer erfasst beides zugleich: das Wort und den Habitus des Sprechers – darunter verstehen wir seine Körpersprache mit Mimik und Gestik sowie sein »Äußeres«. Nur so wird die Erfahrung erklärbar, die wir alle des Öfteren machen: Menschen tragen etwas vor, das für uns überzeugend und plausibel klingt und uns eventuell sogar stark emotional anspricht. Das Wie-Gesagte scheint nicht selten größeren Eindruck bei uns zu hinterlassen als das Was-Gesagte, denn wenn wir uns die Mühe machen würden, so manchen Vortrag bzw. Diskussionsbeitrag aufzuzeichnen, abschreiben zu lassen und einige Zeit später noch einmal nachzulesen, dürften wir die Wirkung, die das »Gesagte« zuvor auf uns hatte, nicht mehr erklären können. Gute Rhetoriker wissen um diese Magie – die Magie des Wie-Gesagten. Diesen Effekt können wir besonders gut in zwei Bereichen beobachten: in der Verkaufspsychologie und in der Politik. Allen Personen, die im Rampenlicht der Öffentlichkeit stehen – Politikern, Pressesprechern von Organisationen, Verbänden und Unternehmen, Medienleuten und Moderatoren von Veranstaltungen etc. – wird heute in Kursen und Seminaren die Bedeutung ihrer Körpersprache bewusst gemacht. Die nonverbalen Elemente ihrer Botschaften gehören mittlerweile zum Standard der in Legion angebotenen Persönlichkeits- und Managementtrainings.

Trotzdem fallen immer wieder eklatante Defizite bei der intuitiven Vermittlung von Botschaften auf. Zum einen mag dies daran liegen, dass die individuelle Körpersprache mit dem jeweiligen Menschen auf das Engste verbunden und persönlichster Ausdruck seines Wesens, von

Geist und Seele, von Prägung und Lebenshaltung ist, und daher nur sehr schwer verändert werden kann. Körperliche Verhaltensmuster laufen größtenteils unbewusst ab und müssen deshalb zunächst ins Bewusstsein geholt werden, um sie überhaupt beeinflussen und »trainieren« zu können. Zum anderen aber legen Mittel- und Westeuropäer und Angelsachsen als von Aufklärung und Industrialisierung geprägte Menschen offensichtlich höheren Wert auf die Ratio der Argumentation als auf ihre intuitiven Elemente.

In Ländern des fernöstlichen Kulturkreises ist dies anders. Vor dem Antritt einer Reise mit einer deutschen Unternehmensdelegation nach Japan zum Beispiel wurden wir Journalisten, die zum ersten Mal Nippon besuchten, von Kennern der Materie in die komplexen Abläufe der Kommunikation mit japanischen Managern eingewiesen. Da Interviews mit hochrangigen Vertretern japanischer Unternehmen, Wirtschaftsverbänden und der früheren Bank of Tokyo auf dem Programm standen, führten uns unsere Guides in Verhaltenskodices ein, die auf Europäer und Amerikaner meist befremdlich wirken.

Am bekanntesten dürfte wohl das Ritual der Begrüßung sein. Die Gesprächspartner gehen gemessenen Schrittes aufeinander zu, bleiben in einigem Abstand stehen, sehen sich in die Augen, verbeugen sich kurz (je nach Stellung des Jüngeren oder Untergebenen ein bis mehrere Male) und überreichen die Visitenkarte, die vom Gastgeber freundlich entgegengenommen und aufmerksam studiert wird (und nicht, wie hier zu Lande, oft achtlos im Jackett verschwindet und in »Ablage A« des Büros untertaucht). Dann hat der Besucher respektvoll zu warten, seinen ihm zugewiesenen Sitzplatz, selbstverständlich nach dem Gastgeber, einzunehmen und sollte auf ein Zeichen oder die freundliche Einladung des Interviewpartners warten, die erste Frage zu stellen. Selbstredend gehören ausgesuchte Höflichkeit und respektvoll formulierte Fragen immer zum guten Ton.

Rituale dieser Art sind leicht zu beherzigen und, mögen sie uns in manchen Fällen auch ungewöhnlich oder albern vorkommen, zu »lernen«. Von noch größerer Bedeutung sind in der Kommunikation mit Japanern jedoch die geheimen Signale der Körpersprache. Hätte man uns hier nicht einige Tipps gegeben, wären wir mit Sicherheit voll in unsichtbare Fettnäpfchen getreten. »Zeigen Sie Ihren Gesprächspartnern niemals die Sohlen Ihrer Schuhe,« hieß beispielsweise eine Regel des fernöstlichen Knigge. Soll heißen: Niemals beim Überschlagen der Beine das oben liegende Bein so weit neigen, dass die Schuhsohle zu sehen ist – oder, noch schlimmer, die Sohle in Richtung des Gesprächspartners zeigt. Hintergund: Der japanische Gesprächspartner würde annehmen, Sie erwiesen ihm keinen Respekt und würden ihn »unter Ihren Schuh« bringen, also »unterjochen«, wollen.

Hingewiesen wurden wir auch darauf, unsere Gestik unter Kontrolle zu halten. Temperamentvolle Ausbrüche und Fuchtelei mit den Händen à la Mastroianni würden ebenso als Angriff auf Respekt und Würde interpretiert werden wie eine zu laute Intonation. Nichts ist schlimmer für Japaner, so wurde uns bedeutet, als »das Gesicht zu verlieren«. Und was signalisiert das Maß an Achtung und Wertschätzung für unser Gegenüber mehr als unsere Körpersprache?

Die menschliche Ausdrucksform durch die Sprache des Körpers ist in unserem Kulturkreis bei weitem nicht so ritualisiert. Das macht einen bewussten Umgang mit unserer »Außenwirkung« aber keinesfalls leichter. Im Gegenteil: Rituale geben Sicherheit und schützen vor peinlichen Ausrutschern. In unseren »offenen« Gesellschaften mit vergleichsweise nur noch wenigen normierten Verhaltensregeln und dem Leitbild der Freiheit des Individuums hingegen verbleibt vieles im Bereich der Interpretation und kann nicht mehr so eindeutig »gewertet« und eingeordnet werden. Auf die Spitze getrieben werden »Macken« und eigenwillige Ausdrucksformen der Körpersprache oft sogar als »originelle« Elemente der Persönlichkeit verstanden und zelebriert – denken Sie an die Jugend- und Musikkultur oder auch an manche Infotainment-Soap-Operas privater Fernsehkanäle.

Gleichwohl gibt es auch in unserem Kulturkreis eine Reihe von Signalen der Körpersprache, die unmissverständlich sind und von allen eindeutig – bewusst oder unbewusst – interpretiert werden. Bestes Beispiel: Die vor der Brust verschränkten Arme in einer Gesprächssituation gelten als Schutz- oder Abwehrhaltung. Der Betroffene will sein Gegenüber nicht an sich herankommen lassen, das Gespräch ist ihm unangenehm, eventuell hat er sogar Angst vor der Person oder der Situation oder aber er will Unnahbarkeit und Reserviertheit signalisieren. Jedenfalls verstehen wir die Pose als »Anti-Haltung«, die uns nicht unbedingt für den Gesprächspartner einnimmt.

Körpersignale dieser Art sind verräterisch. Sie teilen dem aufmerksamen und geschulten Beobachter klar und deutlich mit, was wir mit unserer sprachlichen Kommunikation verbergen wollen. Unsere Worte sagen: »Ich bin wer und stelle etwas dar. Ich habe etwas zu sagen. Ich bin mir sicher ...« Der Körper teilt hingegen mit: »Ich habe Angst vor dir und fühle mich im Gespräch mit dir unsicher. Komm mir bloß nicht zu nahe ...«

Dennoch gibt es Ausnahmen von der Regel: Sich zum Beispiel am Ohrläppchen zu zupfen oder sich am Haaransatz zu kratzen kann bei manchen auch lediglich eine »Macke« sein, die den Formulierungsprozess fördert. Ein extremes Beispiel aus dieser Kategorie: Manche Stotterer neigen dazu, Anfangsbuchstaben von Wörtern oder Silben, die sie nur schwer »herausbringen«, mit Ersatzbegriffen entweder verbal zu umgehen oder mit körperlichen Aktionen (Rucken des Kopfes, schnelle Bewegung der Hand etc.) »herauszupressen«. Bei »normal« Sprechenden sind solche Formulierungshilfen natürlich nicht so ausgeprägt, häufig wiederkehrende Gesten, Mienen oder andere körperliche Ausdrucksformen signalisieren gleichwohl einen quasi ritualisierten Kontext von Sprache und Habitus – ein bekannter Talkshow-Moderator zum Beispiel zieht regelmäßig den Kopf zwischen die Schultern, bevor er eine schwierige Frage stellt, ein anderer schlägt die Beine übereinander, der Dritte kaut penetrant am Brillenbügel ... Nicht immer können Verhaltensweisen dieser Art als innere Unsicherheit oder nervöse Anspannung interpretiert werden.

Die Signale der Körpersprache sollten wir deshalb nicht mystifizieren. Sie sind ein wichtiges Element im gesamten Kommunikationsablauf – aber eben nur ein Element. Ihre eigentliche Bedeutung erhalten sie – noch einmal – im Kontext mit der verbalen Kommunikation. Diesen Kontext zu erkennen und einen Kommunikationsprozess richtig zu deuten, das ist eine differenzierte Angelegenheit.

Empfehlungen wie »Fragen Sie einen Menschen nach seiner Schlafhaltung und beurteilen Sie ihn dementsprechend« sollten Sie deshalb nicht allzu ernst nehmen. Wenn einer beim Schlafen am liebsten die Beine ausstreckt, ist er noch lange nicht arrogant, wenn einer oft seitlich mit dem Gesicht auf den gefalteten Händen ruht, noch lange nicht narzisstisch oder wenn einer häufig auf der Seite mit angezogenen Beinen schläft, ist er noch lange nicht scheu und unselbstständig. Solche »Merksätze« erinnern eher an die pseudo-wissenschaftlichen »Forschungen« von Rassebiologen im Nationalsozialismus, die von der menschlichen Schädelform auf Rasse und Charakter schließen wollten. Doch ob Sie es glauben oder nicht, Nonsens dieser Art findet sich auch heute noch.

Wenn wir die Beachtung von Körpersprache, Gestik und Mimik sowie des »Äußeren« – also des Habitus eines Gesprächspartners – nicht übertreiben, kann uns dies wertvolle Hinweise für die Beurteilung der Person in einer Kommunikationssituation geben. Zu diesem Habitus gehört nicht nur wie eine Person sich bewegt und »gibt«, sondern auch – so banal dies klingen mag – wie sie aussieht und vor allem wie sie sich kleidet.

Verschränkte Arme sind jedoch nicht das einzige Körpersignal, das im Regelfall eindeutig interpretiert wird. Negativ ausgelegt werden Signale, die Unsicherheit oder augenblickliche Verunsicherung vermitteln. Der Empfänger gewinnt den Eindruck: »Er/Sie ist sich seiner/ihrer Sache nicht sicher ...«

Dazu gehören:

- sich am Kopf oder im Gesicht zu kratzen,
- sich durch die Haare zu fahren,
- beim Sprechen die Hände vor dem Mund zu halten,
- den Brillenbügel ständig auf der Nase zurechtzurücken,
- die Brille ständig abzunehmen und wieder aufzusetzen,
- am Brillenbügel zu kauen,
- mit Daumen und Zeigefinger an der Nase entlangzustreichen,
- sich am Ohrläppchen zu zupfen,
- direkten Augenkontakt zu vermeiden und am Kopf des Gegenübers vorbeizuschauen,
- hektisch und oft die Körperhaltung zu verändern und unruhig auf dem Stuhl hin und her zu rücken,
- die Hände nicht ruhig zu halten,
- zu zittern,
- häufig zu blinzeln.

2.2 Die äußere Erscheinung

So selbstverständlich dies klingen mag: Es ist auffallend, wie viele Menschen wenig Gespür für ihr Äußeres, und damit auch für einen wichtigen Teil ihre Außenwirkung, zeigen. Dabei ist der Mensch in erster Linie ein visuell wahrnehmendes und deshalb auch visuell urteilendes Wesen. Sie kennen den Satz: »Man soll nicht vom Äußeren eines Menschen auf sein Inneres schließen.« Bedauerlicherweise tun wir alle jedoch genau das! Wir alle sind vorurteilsbeladene Individuen, die diese Vorurteile aufgrund eigener Erfahrungen oder Berichten von anderen gebildet haben und diese nach Leibeskräften kultivieren. Nichts fällt uns schwerer, als unser lieb gewordenes »Schubladensystem« in Frage zu stellen. Manchmal genügen schon einige wenige Signalreize, um einen Mitmenschen unbewusst in eine dieser Schubladen zu stecken, ohne ihm jemals wieder die Chance zu geben, daraus zu entweichen. Oft ist hier schon der viel zitierte »erste Eindruck« von ganz entscheidender Bedeutung.

Einige Beispiele:

Ein junger Mann bewirbt sich nach dem Schulabschluss bei einer Bank um eine Lehre. Er trägt einen Ohrring und betritt das Zimmer seines potenziellen Chefs mit einer Sonnenbrille, die er keck in die Haare gesteckt hat.

Ist dieser Chef nicht selbst noch sehr jung und/oder tolerant, düfte der erste Eindruck negativ ausfallen. Ohrring und Sonnenbrille gelten als Attribute der »Lockerheit« und »Lässigkeit«. Was in der Disco angesagt ist, wird in einer Bank, die, wie viele andere Unternehmen – nicht nur in der Finanzdienstleisterbranche –, auf ein »seriöses« und offenkundig zurückhaltendes sowie »durchschnittliches« Auftreten ihrer Mitarbeiter Wert legt, wenig Beifall finden.

Bei einem Privatmann kündigt sich am Telefon ein Anlageberater an. Er habe exzellente Vorschläge für eine individuelle Altersvorsorge zu machen und könne auch wertvolle Tipps zur Geldanlage und zum Vermögensaufbau geben. Als der Anlageberater kommt, sieht der Privatmann einen Jaguar vorfahren. Der Besucher trägt eine goldene Rolex am Handgelenk, die oberen Knöpfe seines Hemdkragens sind geöffnet und am Hals prangt aufdringlich eine Panzergoldkette. Die Schritte bis zur Haustür klingen nach eisenbeschlagenen Cowboystiefeln.

Durchgefallen! Jeder »normal« denkende Mensch dürfte wohl ein leichtes Kribbeln in der Nackengegend verspüren. Ein Anlageberater, dessen Outfit geschmacklich »voll daneben« liegt! Der Hausherr mag sich vielleicht erschreckt fragen: »Der lässt es aber krachen mit dem ihm anvertrauten Geld ...« oder »Aus welchem Milieu ist der denn entsprungen?« – wohl kaum aber: »Wie viel vertrau ich ihm denn an – 10.000 oder gar 20.000?« In den meisten Fällen dürfte der Berater nicht mehr über diese Haustürschwelle kommen ...

Müller steht vor einem wichtigen Verhandlungsgespräch. Die ihm gegenüber sitzende Dame ist jedoch nicht nur fachlich sehr versiert, sondern spielt auch ihre »weiblichen Reize« aus. Ihr Sommerkleid ist ausgesprochen tief dekolletiert und über die Maßen kurz. Wenn sie die Beine übereinander schlägt, um die Sitzposition zu verändern, weiß Müller nicht mehr, wo ihm der Kopf steht.

Vorsicht! Dies ist kein »sexistisches« Beispiel. Müller, der »nicht mehr weiß, wo ihm der Kopf steht«, ist auch kein Sexist, sondern ein ganz normal und durchschnittlich empfindender Mann.

Wenn das Outfit der Dame Teil ihrer Verhandlungsstrategie ist – gut, dann wäre dies zwar alles andere als fair, aber akzeptabel. Müller hätte dann das Problem, mit einer Ablenkungsstrategie der besonderen Art fertig zu werden.

Wenn ihr Äußeres jedoch nicht Teil einer Strategie ist, sondern eventuell lediglich die gewöhnliche Kleidung einer selbstbewussten und erfolgreichen Frau mit natürlichem Körperbewusstsein, dann kann der »unbewusste« Schuss auch nach hinten losgehen. Zum Beispiel dann, wenn sich Müller durch die allzu offensichtlich zur Schau getragene Weiblichkeit der Verhandlungspartnerin »bedroht« oder »gereizt« fühlt (Männer sind nun mal keine »normal« empfindenden Wesen ...)

Das Äußere von Menschen ist immer von Bedeutung. Und die Bedeutung der Gesamterscheinung wird noch größer, wenn wir uns in kommunikativen Stresssituationen befinden – wie beispielsweise bei Verhandlungen, Diskussionen, in Vorstellungsgesprächen oder bei Konferenzen. Psychologisch ist dies leicht zu erklären: Denn besonders in Situationen der inneren Anspannung, in denen die geistige Konzentration und das Wahrnehmungsvermögen auf höchsten Touren fahren, neigt der Mensch noch weit mehr dazu, genau hinzusehen, das Gegenüber zu beobachten und den gesamten Habitus des Menschen, mit dem er zu tun hat, exakter als in alltäglichen Situationen zu erfassen.

Machen Sie bei sich selbst die Probe aufs Exempel: Erinnern Sie sich nicht beispielsweise an ein Streitgespräch, zu dem Ihnen noch nach Tagen plötzlich einfällt, dass Ihr Gegenüber in einer speziellen Gesprächssituation so eine merkwürdig fahrige Handbewegung gemacht oder Sie mit einem ganz bestimmten Ausdruck angesehen hat? So genannte »Augenblickserinnerungen« bleiben nicht selten hartnäckig im Langzeitgedächtnis haften und verschaffen uns Jahre danach in ähnlichen Situationen so manch ein Déjá-vu-Erlebnis.

Zu einem bewussten und strategisch motivierten Umgang mit Sprache gehört deshalb auch die Beachtung der äußeren Erscheinung. Dies sollte selbstverständlich sein.

Die äußere Erscheinung

- Ist Ihre Kleidung der Situation und dem Personenkreis allgemein angemessen?
- Erfordert eine spezielle Situation kleidungsmäßig die Einhaltung bestimmter Normen oder Regeln (Abendkleidung, Businessanzug, Krawatte ...)?
- Seien Sie selbstkritisch: Sind Sie over- bzw. underdressed oder tragen Sie Accessoires, die zu »aufgestylt«, zu »jugendlich«, zu »altbacken« oder »bieder« bzw. in irgendeiner Art und Weise deplatziert wirken könnten?
- Versuchen Sie trotzdem, »Sie selbst« zu sein. Lassen Sie sich nicht in ein Outfit stecken, das Sie »nicht sind« und in dem Sie sich nicht wohl fühlen.

2.3 Zusammenfassung

1. Kommunikation ist ein komplexer Prozess, der nicht nur auf die verbale Interaktion, den Austausch von Wörtern, reduziert werden kann. Zur Kommunikation gehört auch die Körpersprache mit Mimik und Gestik. Für den Überzeugungsgrad unserer »Botschaften« an Mitmenschen ist auch die Art und Weise, mit der sie vorgetragen werden, von großer Bedeutung. Diese nonverbalen Elemente können das Gesagte positiv unterstützen aber auch konterkarieren.

2. Das Gesagte wirkt durch die Person, die es sagt, und vor allem dadurch, wie sie es sagt. Der Zu-hörer und Zu-schauer erfasst beides zugleich: das Wort und den Habitus des Sprechers – darunter verstehen wir seine Körpersprache mit Mimik und Gestik sowie sein »Äußeres«. Nur so wird die Erfahrung erklärbar, die wir alle des Öfteren machen: Menschen tragen etwas vor, das für uns überzeugend und plausibel klingt und uns eventuell sogar stark emotional anspricht. Das Wie-Gesagte scheint nicht selten größeren Eindruck bei uns zu hinterlassen als das Was-Gesagte, denn wenn wir uns die Mühe machen würden, so manchen Vortrag bzw. Diskussionsbeitrag aufzuzeichnen, abschreiben zu lassen und einige Zeit später noch einmal nachzulesen, dürften wir die Wirkung, die das »Gesagte« zuvor auf uns hatte, nicht mehr erklären können.
   Gute Rhetoriker wissen um diese Magie – die Magie des Wie-Gesagten. Diesen Effekt können wir besonders gut in zwei Bereichen beobachten: in der Verkaufspsychologie und in der Politik.
3. Der Habitus eines Menschen darf prinzipiell nicht überbewertet werden. Um mit dem Soziologen Max Weber zu sprechen, gibt es hier keine »Idealtypen«. Trotzdem existieren Definitionen von Körpersignalen, über die es so etwas wie allgemein gültige Auffassungen oder Interpretationen gibt. Dazu zählen beispielsweise Gesten der Verunsicherung, der Verlegenheit oder der Verärgerung.
4. Wir leben zwar in einer so genannten »offenen« Gesellschaft, ritualisierte Verhaltensnormen und, je nach Gruppenzugehörigkeit, Kodices der äußeren Erscheinung von Menschen (Kleidung, Frisur etc.) gehören jedoch auch in der »Moderne« zum Alltag.

3. Rhetorische Intelligenz

Was erwartet Sie in diesem Abschnitt?
Sie erfahren,

- dass emotionale und rhetorische Intelligenz im Kopf und nicht im Kehlkopf beginnt und
- dass das Einschalten des Hirns vor dem Sprechen vorteilhaft sein kann.

Gewiss haben Sie in Ihrer beruflichen Praxis, ebenso wie im privaten Bereich, einschlägige Erfahrungen gemacht mit Schwätzern und Blendern, mit Zeitgenossen also, die hinter einem nicht enden wollenden Schwall von Wörtern und pointierten Begriffen Unkenntnis, mangelnde Motivation, Oberflächlichkeit und/oder Überforderung verbergen. Die verbale Kommunikationsfähigkeit ist in diesem Fall übermäßig entwickelt, weil ein großes Mitteilungsbedürfnis, persönliche Unsicherheit – oder arglistige Absicht! – dahinter stecken. Schwätzer halten sich für rhetorisch intelligent, weil sie flüssig ohne Punkt und Komma »schwafeln« können. Sie sind es aber nicht, oder nur bis zu einem gewissen Grad: Spätestens dann nämlich, wenn der Gesprächspartner merkt, dass keine Taten folgen, ständig maßlos übertrieben oder nur »gelabert« wird um des Redens willen und dass sich der Schwätzer lediglich »das Maul zerreißt«, ist der Nimbus dahin und der Blender entlarvt. Er hat sich unglaubwürdig gemacht und wird nicht mehr ernst genommen, kurz: Er hat unwissentlich eine Kommunikationsbarriere errichtet, die seinen sozialen Erfolg auf Dauer empfindlich mindern kann.

Ähnlich verhält es sich mit Menschen, die – obwohl sie es wissen müssten – an ihrer »Zielgruppe«, einem Einzelnen oder einer Gruppe, »vorbeireden«. Auch das zeugt nicht von rhetorischer Intelligenz.

Ein Beispiel:
Ein Universitätsprofessor – mit seiner Gattin im All-inclusive-Urlaub – sitzt beim Abendessen im Hotel jeweils am Tisch eines nicht akademisch gebildeten Rentnerehepaars und doziert seine jüngsten Forschungsergebnisse. Falls er seine Tischnachbarn auf Abstand halten wollte, hatte er mit der Botschaft »Hört mal, was ich für ein toller Hecht bin ...« das richtige Mittel gewählt. Falls ihm das Ehepaar jedoch sympathisch war und er sich und seine Gattin gerne unterhalten hätte, war dies exakt die falsche »Anrede«, da seine mit Fremd- und Fachwörtern gespickte Vorlesung überheblich und ausgrenzend wirken musste. Das Dozieren des Professors hatte etwas von der Pose der vor der Brust verschränkten Arme an sich (siehe Kapitel »Nonverbale Elemente: Körpersprache, Gestik und Mimik«, Seite 69).

Ebenso rhetorisch unintelligent würde sich der Mitarbeiter einer sozialen Institution verhalten, der das Jugendzentrum einer Stadt organisieren soll und Jugendliche dabei im »Beamtendeutsch« anspricht. Heranwachsende haben naturgegebenermaßen als Ausdruck ihrer eigenen kulturellen Identität eine andere Sprache als Erwachsene – mit differenzierten und oft durch Musik und Werbung geprägten Begriffen, Modewörtern und Amerikanismen. Würde besagter Sozialarbeiter in einem Gespräch mit Mitgliedern einer Jugendgruppe beispielsweise vom »Liedgut der Kapelle xy« sprechen anstatt von den »Songs« oder »Nummern« dieser »Band«, wäre er sprichwörtlich unten durch. Er muss sich nicht anbiedern und die Adjektive »krass«, »hype« oder »geil« in jedem Zusammenhang vor die Subjektive »Tussi« oder »Typ« stellen ... Er muss auch nicht ordinär oder vulgär werden, doch er muss sich klar darüber sein, wen seine Botschaften oder Fragen erreichen sollen – Staatsdiener oder Jugendliche?

Rhetorische Intelligenz hat zum einen also etwas mit dem Kommunikationspartner bzw. den -partnern zu tun. Hier gilt im Besonderen: Passt die »Ansprache« – die Art des Sprechens, die Wortwahl im Allgemeinen und die Diktion im Besonderen, die Formulierung, das Sprachtempo und so weiter – für die jeweilige Zielgruppe? Erreiche ich meinen Gesprächspartner, versteht er mich – oder versteht er nur »Bahnhof«?

Dazu eine kurze, aber an dieser Stelle angebrachte Exkursion in die Wissenschaft: Rhetorische Intelligenz ist ein Element der emotionalen Intelligenz, da sie mit Kommunikation, also zwischenmenschlicher Interaktion, zu tun hat. Der Begriff der emotionalen Intelligenz und die wissenschaftliche Untersuchung dieses Phänomens und seiner Strukturen ist noch verhältnismäßig jung und geht im Wesentlichen auf psychologische und gesellschaftswissenschaftliche, aber auch sozioökonomische Studien in den Vereinigten Staaten von Amerika zurück. US-amerikanische Forscher stellen seit etwa eineinhalb Jahrzehnten immer drängender die Frage, warum ausgerechnet in der vergleichsweise wohlhabenden Industrie- und Dienstleistungsgesellschaft USA sowohl die Gewaltkriminalität als auch Drogen- und Alkoholmissbrauch sowie die Zahl der Freitode nicht effizient genug eingedämmt werden können.

Die hohe Anzahl der so genannten »Modernisierungsverlierer« in einer zunehmend vernetzten und globalisierten Welt gilt in breiten Kreisen der Wissenschaft als Indikator für die Aufkündigung des gesellschaftlichen Konsenses in den demokratisch und marktwirtschaftlich geprägten westlichen Industriegesellschaften. Warum, fragen die Forscher unter anderem, gibt es so viele Anzeichen sozialer Verelendung – Drogen- und Alkoholmissbrauch, Gewaltkriminalität – gerade in einer Gesellschaft, in der die Teilhabe an Wohlstand und

Prosperität zum sozialen Standard breiter gesellschaftlicher Schichten zählt?

Nicht wenige dieser Wissenschaftler erkennen in den Bildungs- und Ausbildungssystemen der westlichen Welt eine der bedeutendsten Ursachen dieser Deformation. Kindern und Jugendlichen werde tonnenweise Kreuzworträtselwissen eingetrichtert, weiterführende Schulen, Hochschulen und Universitäten züchteten hoch spezialisierte Fachidioten heran, der Wissenstransfer in den Alltag des Lebens, die Umsetzung und Nutzbarmachung ihres zweifelhaften Know-hows hingegen bleibe Eliten überlassen. Die große Masse der Ausgebildeten durchschaue die zunehmend komplexen Strukturen des Lebens nicht mehr, sie »denkt die Welt« nicht, sondern ordne sich ihren vordergründigen Erfordernissen (zum Beispiel den Anforderungen der Wirtschaft) unter. So weit die Diagnose.

Im Rahmen solcher Untersuchungsansätze ergeben sich jedoch auch Zweifel an mono-kausalen Diagnosen, »die Gesellschaft«, »das Bildungssystem« oder »die Wirtschaft« seien eben schuld an sozialen Deformationen. Neben individuellen Indikatoren wie soziale Herkunft und Abstammung, vererbten Anlagen und der allgemeinen Sozialisation rückt die Untersuchung der einzelnen Persönlichkeit wieder mehr in den Vordergrund. Gerade die Intelligenzforschung, die sich in den vergangenen Jahrzehnten reichlich einseitig mit dem vordergründigen Wesen der menschlichen Intelligenz beschäftigt hat, seinen kognitiven und intellektuellen Fähigkeiten, hat dazugelernt. Nach Generationen von Schulabgängern und Stellenbewerbern, die sich durch vielgestaltige IQ-Tests quälen mussten, durchlaufen ihre Nachfolger heute auch EQ-Tests – Programme, die Auskunft über ihre emotionalen Qualifikationen geben sollen.

Aber nicht nur bedenkliche soziale Phänomene haben dazu beigetragen, dass der Begriff der Intelligenz neu überdacht wird, sondern auch reichhaltige Erfahrungen über die unterschiedliche Entwicklung vordergründig als »hoch intelligent« getesteter Personen. Wäre die Voraussage der IQ-Testprogramme nämlich korrekt gewesen, würden die Intelligenzbestien super-erfolgreiche Berufskarrieren absolvieren. Lange Jahre glaubten Apologeten der IQs offensichtlich, wer möglichst schnell den richtigen Ausgang eines Labyrinths findet oder in kürzester Zeit unzusammenhängende Wortungetüme enträtseln oder Zahlenquadrate lösen könne, müsse auch beispielsweise als Personalchef eines Unternehmens schnelle und richtige Entscheidungen treffen können. Nicht gerade selten ist jedoch exakt das Gegenteil der Fall, wie Forschungsergebnisse heute bestätigen. Ein relativ hoher IQ ist demnach nicht zwingende Voraussetzung für Erfolg in Beruf und Privatleben. Oder anders ausgedrückt: Was nützt ein hoher IQ, wenn man ein emotionaler Trottel ist?

Was ist emotionale Intelligenz? Allgemein formuliert ist sie ein komplexes System aus der Kombination von Prägungen im Laufe der individuellen Entwicklung, daraus resultierenden Denk-, Verhaltens- und Handlungsmustern und ihren neurologischen Strukturen, die Gefühlsimpulsen zugrunde liegen. Indikatoren von emotionaler Intelligenz sind unter anderem die Fähigkeit, starke Emotionen und Leidenschaften zu zügeln, oder die Qualifikation, die inneren Gefühle von Mitmenschen deuten zu können (»sich in andere Menschen hineinversetzen«) oder auch seine Emotionen geschickt situativ einsetzen zu können.

Emotionale Intelligenz wird belohnt: durch Erfolg im Berufsleben und »Glück« in zwischenmenschlichen Beziehungen. Emotional intelligente Menschen sind weder Egoisten, die selbstsüchtig ihre narzisstischen Gefühle berechnend gegen andere ausspielen, aber auch keine Altruisten, die selbstvergessen nur für das Wohlbefinden ihrer Mitmenschen leben. Emotional intelligente Individuen suchen die Waage zwischen Gefühl und Vernunft, die Erfolg versprechende Kombination aus Emotio und Ratio. Emotional intelligente Menschen sind erfolgsorientiert, messen diese Lebenshaltung jedoch nicht »nur« in schnödem Mammon, sondern im Maß ihrer Zufriedenheit. Dazu gehört nicht nur das soziale Prestige – berufliche Stellung und gesellschaftliches Ansehen sowie Teilhabe am sozialen Wohlstand und seiner Symbole –, sondern auch die private Lebenssituation, also die Lebensqualität durch menschliche Bindungen, Liebes- und Partnerschaftsglück sowie sinnvoll erfüllte Freizeit.

Sprachliche Kompetenz ist ein wesentlicher Bestandteil der emotionalen Intelligenz, die sich, wie beschrieben, nicht nur im Inneren eines Menschen abspielt, sondern sich in Verhaltens- und Handlungsmustern, also in der Interaktion von Individuen, dokumentiert. Durch die Sprache drücken wir aus, wie wir Situationen und Menschen einschätzen, wie wir uns fühlen und unsere Rolle in der Welt verstehen, was wir von anderen erwarten und was wir ihnen geben wollen. Sprachlich kompetente Menschen sind rhetorisch intelligent: Sie schöpfen aus einem großen Vorrat von sprachlichen Ausdrucks- und Stilformen, sie erklären und beschreiben präzise und zielgruppenorientiert.

Was aber eigentlich ist »Sprache«? Sprache ist die Erzeugung von artikulierten, also spezifisch gebildeten Lauten, die zwischen Menschen eine Verständigung ermöglichen. Doch Sprache ist mehr: Sprache ist nicht nur die rein technische Produktion von Lauten auf der Grundlage bestimmter anatomischer Voraussetzungen, sondern Sprache ist ein komplexes System des Denkens. Demzufolge ist Sprache Denken und Kommunikation. Technisch bzw. anatomisch werden die Laute mit den Stimmwerkzeugen – Kehlkopf, Stimmbänder, Rachenraum,

Zunge und Lippen – geformt, »gedacht« werden sie allerdings im Gehirn.

Sprache ist überaus vielfältig, die Wissenschaft schätzt, dass es gegenwärtig etwa 4.000 verschiedene Sprachen gibt, deren Vielzahl jedoch weiter abnehmen wird, da kulturelle Minderheiten und kleine Völker zunehmend von großen gesellschaftlichen Einheiten aufgesogen werden. Der zahlenmäßige Rückgang von Sprachen wird mit dem Rückgang der Biodiversität, der Artenvielfalt, verglichen – die Welt wird ärmer. Ähnlich verhält es sich im Übrigen in vielen Sprachgebieten mit Dialekten und Regiolekten. Die jeweilige Hochsprache verdrängt besonders infolge der Mediendominanz im Alltag zunehmend regionalspezifische Mundarten. Damit gehen jedoch nicht nur dialekttypische Ausdrücke, Worte und ihre Ableitungen oder Klangfärbungen verloren, sondern auch tradierte denk-kombinatorische Fähigkeiten – und mit ihnen reichhaltige Lebenserfahrungen und Kulturschätze.

Jede der verschiedenen Sprachen ist auch Ausdruck eines eigenen kognitiven Systems, jede dieser Sprachen »denkt« die Welt anders. Dies ist das Ergebnis der unterschiedlichen kulturellen Entwicklung und Sozialisation sowohl in verschiedenen Regionen der Erde als auch in verschiedenen geschichtlichen Epochen. Ein Beispiel dafür, wie unterschiedlich Angehörige einer Sprache im Vergleich zu Sprechern einer anderen Sprache denken: Franzosen erzählen in zwei verschiedenen Tempora – der Vordergrund eines Geschehens wird im imparfait wiedergegeben, der Hintergrund hingegen im passé simple. Deutschsprachige benützen nur eine Zeitform, das Präteritum.

Reden können heißt im Wesentlichen also: denken und fühlen können. »Denken«? Na klar: Strukturiertes, zielgruppenspezifisches und ergebnisorientiertes Reden ist das komplexe Resultat von Denkprozessen, die unmittelbar vorher oder beinahe zeitgleich zur Formulierung der Worte ablaufen.

Aber auch »fühlen«? Ja, denn vor-fühlen (wie wird das Gesagte wohl ankommen?) und mit-fühlen (wie wird es wirken, welche Empfindungen und Folgen löst es aus?) sind essenzielle Voraussetzungen für unser Zurechtfinden in der Welt. Stellen Sie sich vor, jeder würde lediglich nach seinem eigenen Gusto sprechen und handeln und sich niemals daran orientieren, wie seine Worte und Handlungen wohl wirken werden! Die Welt wäre voller Autisten.

Rhetorik ist deshalb – das sollten wir uns immer wieder vor Augen halten – mehr als »Reden können«. »Reden« oder besser »labern«, »quasseln« und die Welt »zutexten« können viele. Das Tempo der Artikulation ist kein Maß für ihre Qualität, ebenso wie die Geschwindigkeit, mit der ein Auto über die Straße bewegt wird, kein Maß für die Qualität der Fahrkünste seines Lenkers ist. Ungezählte Hörfunkstationen und Fernsehsender demonstrieren minütlich, wie unerträglich viel »dummgeschwätzt« und wie selten noch rational mit Sprache umgegangen wird.

Wie sagte ein gewisser Lord Byron? »Die Menschen scheinen die Sprache nicht empfangen zu haben, um die Gedanken zu verbergen, sondern um zu verbergen, dass sie keine Gedanken haben.«

Rhetorisch intelligent – und emotional intelligent hinsichtlich einer Gesprächssituation – verhält sich jemand, wenn er

- seine »Ansprache« der äußeren Situation entsprechend gestaltet (geschäftliches oder privates Gespräch, Vortrag, Interview und so weiter),
- seine »Ansprache« auf die Zielgruppe bzw. Zielperson ausrichtet (er will ja verstanden werden) und nicht an deren Empfindungen und Erwartungen vorbeiredet,

- nicht nur reden, sondern auch zuhören kann (ein Gespräch, in welcher Form auch immer, ist kommunikative Interaktion und keine eindimensionale Handlung),
- sich in die Lage des Gesprächspartners versetzen kann und sich bemüht, das andere »Weltbild« zu verstehen,
- seine Emotionen beherrscht und nicht die Kommunikation von Gefühlen an den Gesprächspartner über die Kommunikation von sachlichen Inhalten stellt,
- sich vorstellen kann, wie sein Gesagtes auf den Gesprächspartner wirkt und dessen Reaktion vorher miteinkalkuliert,
- ein klares Gesprächsziel vor Augen hat, Strategien folgt und seine Argumente geordnet hat.

Zusammenfassung

1. Rhetorische Intelligenz ist Teil der emotionalen Intelligenz, der aufgrund allgemeiner wissenschaftlicher Ergebnisse und der modernen Intelligenzforschung heute ein sehr viel höherer Stellenwert zugeschrieben wird.
2. Forschungsergebnisse in verschiedenen Ländern weisen unzweifelhaft darauf hin, dass »kognitive Intelligenz« nicht alleine für beruflichen und privaten Erfolg im Leben verantwortlich ist. Waren IQ-Tests, besonders aufgrund der Interpretationsvielfalt ihrer Resultate, auch immer schon umstritten, galten sie jedoch lange als einziges Mittel, beispielsweise bei der Auswahl geeigneter Bewerber

für gut dotierte Positionen in der Industrie, die »Qualifiziertesten« herauszufiltern. Deformationen in den westlichen Industriegesellschaften, spektakuläre Unternehmenszusammenbrüche und Missmanagement in den Vorstandsetagen – sowie aktuelle Teilergebnisse wie die PISA-Studie der Europäischen Union – ließen und lassen die Zweifel an der Effizienz unserer Bildungs- und Ausbildungssysteme und am Wert ihrer Prüfungspraxis jedoch wachsen.

3. Ebenso wichtig wie abfragbares theoretisches Wissen und die durch berufliche Praxis gewonnene Erfahrung scheint der strategisch-taktisch motivierte Umgang mit Emotionen zu sein. Zu kalkulieren, wie Worte und Handlungen auf andere Menschen wirken, sich in ihre Lage versetzen können und das Abstraktionsvermögen, um die eigene Rolle, die Position und individuelle Außenwirkung innerhalb einer Gruppe beurteilen zu können, sind Qualifikationen, die umso wertvoller wirken, je intensiver komplexe berufliche Aufgaben in unserer arbeitsteiligen Wirtschaftsgesellschaft nur noch im Team und in einem durchorganisierten Workflow bewältigt werden können.
4. Sprache ist Denken und Denken ist Sprache. Rhetorische Intelligenz bemüht sich deshalb nicht »los-gelöst« vom Denken zu sprechen. Rhetorisch intelligent handeln wir, wenn wir zielgruppenorientiert im Symbolsystem des Gesprächspartners mit klar strukturierten Argumenten kommunizieren.

III. Schach ist ein Kriegsspiel

Was erwartet Sie in diesem Abschnitt?
Die Erkenntnis,

- dass der Benutzung systematischer rhetorischer Strategien systematisches Denken vorausgeht und
- dass hierzu mentale Fitness mit professioneller inhaltlicher und psychologischer Vorbereitung erforderlich ist.

1. Mentales Fitnessprogramm – mit geschärften Klingen und wachem Verstand

»Vorbereitung ist alles!« Dieser Satz ist auf alle Lebenssituationen übertragbar und hat gerade im Geschäftsleben, das in Kategorien wie Geld und Erfolg gemessen wird, seine Berechtigung. Am Beispiel eines Meetings, einer geschäftlichen Besprechung, kann vermittelt werden, welche Vorbereitungen Sie dazu treffen sollten. Absolvieren Sie ein mentales Fitnessprogramm: Das macht Sie selbstsicher, ruhig und souverän in Ihrer Argumentation und Ausstrahlung. Vielleicht fällt es Ihnen jetzt noch schwer, sich vorzustellen, dass die mentale Fitness die rhetorischen Fähigkeiten beeinflusst – doch Sie werden sehen!

Ein Hinweis: Die in diesem Kapitel gegebenen Empfehlungen zur Definition von Zielen, Strategien und Argumentationslinien – die Elemente Ihres mentalen Fitnessprogramms zur Vorbereitung von Meetings sowie zu ihrer Nachbereitung – haben auf den ersten Blick noch nichts mit der Anwendung oder dem Erkennen rhetorischer Techniken zu tun, sie schaffen jedoch die methodische Ausgangsbasis für Ihre nachfolgenden Aktionen.

1.1 Inhaltliche und fachliche Vorbereitung

1.1.1 Ziele definieren

In der Praxis ist es irritierend, welche banalen, zugleich leider aber auch kardinalen, Fehler schon zu Beginn der Vorbereitung eines Meetings gemacht werden. Gründe hierfür sind nicht nur in mangelnder Sorgfalt oder Unkenntnis, sondern – zugegeben – oft auch im Zeitdruck des Tagesgeschäfts zu finden.

Trotzdem: Messen Sie Ihren vermeintlichen Erfolg oder Ihr Standing im Unternehmen nicht an der Zahl der absolvierten Meetings, in die Sie mit hängender Zunge hetzen. Mr. Wichtig ist überall dabei, hat meist aber wenig zu sagen! Eher die Qualität der von Ihnen geleiteten oder mitbestimmten Besprechungen ist entscheidend und hierzu gehört zuallererst die Definition Ihrer eigenen Ziele.

Was will ich erreichen, welches Ergebnis soll am Ende einer Zusammenkunft stehen? Welche Teilziele müssen dazu geschafft werden? Dies sind Fragen, die zu Beginn der Vorbereitung auf eine Besprechung unbedingt gestellt werden müssen. Systematisches Denken ersetzen weder Laptop noch Organizer und auch nicht die noch so perfekte Perle im Sekretariat. Dies müssen Sie schon noch selbst leisten.

Darüber hinaus ist die Definition der Zielgruppe von Bedeutung. Wer nimmt an dem Meeting teil? Haben Sie es mit Mitarbeitern der Produktion, der Technik, von Werbung und Marketing, des Vertriebs, der Serviceabteilung oder des Controlling zu tun? Bitte entschuldigen Sie, wenn Sie diesen Hinweis »unter Ihrer Würde« finden. In der Praxis passiert es sehr häufig, dass Chairmen tapfer an der Zielgruppe vorbei agieren.

Zu viel wird dem Zufall überlassen. Zu unstrukturiert ist die Vorbereitung. Was Chefs oft an Mitarbeitern kritisieren – Defizite in ihrem

Zeitmanagement und Probleme bei der persönlichen Organisation –, ist gar nicht so selten bei ihnen selbst zu finden.
Ein Tipp: Vor Meetings mit komplexen Themenstellungen sollte ein Konzept entwickelt werden. Dabei hat sich die Methode bewährt, alles Wesentliche zu Papier zu bringen.

Zwischenrede:

Medienhäuser mussten sich in den vergangenen zwei, drei Jahren intensiv mit ihrem Online-Engagement auseinander setzen. »Wollen wir im Internet aktiv werden, welche kostenlosen oder auch kostenpflichtigen Inhalte bieten wir unseren Usern an, wie sollten die Websites konzipiert sein, die diese Inhalte transportieren, welche Online-Logistik setzen wir im Verlag auf, um Internet- und Print-Objekte (Zeitschriften und Zeitungen) miteinander sinnvoll und profitabel zu vernetzen?«

Ein Strauß von Fragen und selbstredend eine lohnende Aufgabe für externe Consulter und Online-Experten, die mit Laptop, Beamer und Web-Baukästen bewaffnet durch die Lande zogen, um ihre jeweiligen Konzepte an Verlagsleiter und Chefredakteure zu bringen.

Wie oft jedoch selbst namhafte und international tätige Beratungsgesellschaften und Online-»Experten« an den Leser- und User-Zielgruppen diverser Verlage »vorbei berieten«, war auffällig und wurde in Führungsetagen von Medienhäusern kopfschüttelnd festgestellt. Da wurden beispielsweise ausgewiesenen Fachverlagen Konzepte empfohlen, die für die Online-Auftritte von Publikumszeitschriften gerade noch realisierbar erschienen, und mittelständische Unternehmer, die per Abonnement für einen Newsletter oder für den berühmten Klick auf die Website

> bezahlen sollten, mit Contentstrukturen malträtiert, die völlig an ihren Bedürfnissen vorbeigingen.
>
> Klar, die Yuppies aus der Internetbranche hatten sich herzlich wenig mit der Philosophie ihrer Zielgruppen befasst und landeten in den Meetings bodenständiger Verlage wie Marsmenschen. Und das war wirklich hype.
>
> Aufträge kamen jedoch nicht zustande.

Ebenso pure Selbstverständlichkeit – und wahrscheinlich finden Sie es ebenso überflüssig, darauf hingewiesen zu werden: Unterschätzen Sie nicht die Anforderungen an Ihre allgemein fachliche Vorbereitung und versäumen Sie nicht vor lauter Konzentration auf Ihre Gesprächs- und Verhandlungstaktik, den stofflichen Gegenstand der Sitzung exzellent zu präparieren. Erinnern Sie sich an diverse Prüfungssituationen in Ihrem Leben: Je besser Sie vorbereitet waren und den Stoff »intus« hatten, desto spielerischer und erfolgreicher konnten Sie unvorhergesehene Fragen und komplexe Transferprobleme meistern. Anders ausgedrückt: Ein Jazzmusiker kann erst dann wirklich gut improvisieren und auf einem musikalischen Thema brillieren, wenn er die Grundlagen – Noten- und Kompositionslehre sowie die Spieltechnik seines Instruments – einwandfrei beherrscht.

O.k.: Es mag immer wieder Naturtalente geben, die zum ersten Mal ein Saxophon in die Hand nehmen und den Blues blasen, dass es eine Wonne ist. »Normal« ist das aber nicht. Wir Normalos müssen uns den »Blues« hart erarbeiten, bis die Töne sitzen. Und eines ist klar: Fundiertes Fachwissen und der souveräne Umgang mit Daten und Fakten in Ihrem Fachgebiet ist allemal noch überzeugender als zielloses Gelaber. Sorry: Versuchen Sie Ihre Gesprächspartner nicht mit Phrasen und Allgemeinplätzen zum Narren zu halten – oder wollen Sie in die Politik gehen?

Machen Sie sich deshalb klar, was Sie im Einzelnen erreichen wollen. Kalkulieren sie Umwege und sogar Fehlschläge im Entwicklungsprozess des Meetings ein und entwerfen Sie hierzu unterschiedliche Szenarien. Erprobt ist eine Zieldefinition, die aus drei Szenarien besteht: Best, Medium und Worst Case. Im Idealfall haben Sie alle Ziele erreicht, beispielsweise einen Projektplan in allen wesentlichen Punkten durchgesetzt, im mittleren Fall können Sie in entscheidenden Punkten überzeugen, müssen jedoch auch Teilziele fallen lassen und Zugeständnisse an andere Vorstellungen machen, schlechtestenfalls stecken Sie eine vollständige Schlappe ein.

Der Vorteil der Szenarien: Schon in diesem Stadium der Vorbereitung entwickeln Sie Überzeugungsstrategien und gliedern den Verhandlungsgegenstand des Meetings systematisch in seine Einzelteile. Ferner denken Sie wie ein guter Schachspieler darüber nach, welche »Opfer« Sie eingehen können, um Ihr Hauptziel (Schachmatt des Königs) zu erreichen, was kann »den Wölfen gegeben« werden, um diese zu erfreuen und die Jagd mit aller Kraft zu unterstützen? Und nicht zuletzt helfen Fehleranalyse und Nachbereitung, das nächste Meeting mit einem besseren Resultat abzuschließen.

Kaum etwas im Tagesgeschäft nervt mehr als Chefs, die das Chaos ihres Arbeitsstils in Konferenzen zelebrieren. Ihre Führungsmaxime: »Wir besprechen das!« Um Gottes Willen, denken die Mitarbeiter, schon wieder drohen einige verlorene Stunden in einer der zahllosen Konferenzen, die mit der denkwürdigen Frage eröffnet werden: »Was meinen Sie denn dazu?«

Unstrukturiertes Denken fällt schnell auf, und es ist peinlich genug als Mitarbeiter eines Teams dafür bekannt zu sein, seine Gedanken und Argumente nicht ordnen zu können. Unerträglich wird es aber, wenn das mentale Chaos des Chefs für Reibungsverluste im Team sorgt und die von ihm einberufenen Konferenzen nicht sauber geplant und in ihrem Verlauf nicht klar strukturiert sind. Fehler sind menschlich und passieren in jeder Organisation und auch dem Chef werden sie von Mitarbeitern gewöhnlich zugestanden. Nichts untergräbt die Autorität eines Organisationsleiters aber so nachdrücklich wie Plan- und Ziellosigkeit, die er in schlecht strukturierten und lasch geleiteten Meetings offenbart.

Was Sie in jede Konferenz, in jeden Workshop und in jedes Meeting mitbringen sollten, ist eine klare Zielvorstellung. Wie ist meine Funktion im Gremium, was will ich erreichen oder was will man von mir, sind Fragen, die sich während der Vorbereitung auf die Sitzung stellen. Ferner ist zuvor, wie beschrieben, die Definition der Zielgruppe von entscheidender Bedeutung. Beide Schritte bringen Sie einer erfolgs- und ergebnisorientierten Gestaltung eines Meetings bereits erheblich näher.

1.1.2 Strategien definieren

Zu einer umsichtigen und intelligenten Vorbereitung gehört aber noch mehr. Seine Ansprechpartner und seine Ziele exakt zu definieren ist das eine, sich einen Instrumentenkasten an Strategien zu konstruieren ist das andere. Um ein Ziel zu erreichen, bedarf es oft genug taktischer Maßnahmen. Daher sollten Sie zur Vorbereitung von Meetings auch an Ihrer strategischen Kompetenz arbeiten.

Ein probates Hilfsmittel hierzu ist die situative Vorbereitung: Versetzen Sie sich in die Gesprächs- bzw. Verhandlungssituation! Versuchen Sie sich den Ablauf des Meetings »vor dem geistigen Auge« vorzustellen. Von Vorteil ist es natürlich, wenn diverse Teilnehmer zum Beispiel als Kollegen oder langjährige Geschäftspartner bereits bekannt sind. Deren Reaktionen auf bestimmte Vorschläge oder Planungsschritte eines Projekts sind eventuell genauer kalkulierbar. Doch auch im Fall unbekannter Sitzungsteilnehmer kann das Durchspielen entscheidender Situationen im Meeting von einem unschätzbaren Vorteil sein – schon allein deshalb, weil Sie für Momente der Entscheidungskrisen (es »hakt«, niemand wagt sich vor etc.) besser gerüstet sind und argumentativ nachlegen können. Auf jeden Fall jedoch sind Sie nach einer solchen Vorbereitung exzellent präpariert und lernen die Stärken und Schwächen Ihrer eigenen Taktik besser einzuschätzen.

Zwischenrede:

Sie planen als Marketingleiter die Aufstockung Ihrer Abteilung um zwei Mitarbeiter. Während der Vorbereitung Ihrer Präsentation vor dem Geschäftsleitungsgremium befürchten Sie, dass Geschäftsführer Müller, zuständig für den Bereich Finanzen, Ihrem Wunsch wohl kaum zustimmen dürfte. Personalchef Meier könnten Sie jedoch auf Ihre Seite ziehen, da er Ihre Einschätzung der Lage – mehr Investitionen in den Marketingbereich bei höherer Produktqualität – Ihrer Erfahrung nach teilt. Gleichwohl dürfte sich auch Meier schwer tun, die Forderung von zwei neuen Stellen mitzutragen, da er vor kurzem erst eine Schlappe in eigener Sache erlitten hat und keine Lust dazu verspüren dürfte, wieder auf der Verliererseite zu stehen.

Ihre Strategie 1 könnte nach dem Motto »Ich will was von euch, gebe aber auch was dazu« lauten: Sie werben für die Genehmigung von zwei neuen Stellen und bieten eine Kompensation durch eine fünfprozentige Reduzierung der jährlichen Sachkosten in Ihrem Abteilungsbudget an.

Ihre Strategie 2 könnte »Salamitaktik« heißen: Sie fordern zunächst nur eine Stelle, machen jedoch darauf aufmerksam, dass zwei neue Mitarbeiter dazu nötig wären, einen besseren Absatz zu erzielen und Sie aber aus Rücksicht auf die Finanzen erst im nächsten Geschäftsjahr auf eine weitere Neubesetzung drängen.

1.1.3 Argumente sortieren

Wenn Sie sich mit Strategien befassen, die dabei helfen sollen, Ziele zu realisieren, setzen Sie sich bereits mit Ihren Argumenten auseinander. Im Sinne einer guten Gesprächstaktik sollten Sie diese »sortieren«, das heißt in eine systematische und logische Reihenfolge bringen. Diese Arbeit ist immer der Mühe wert, denn sie zwingt dazu, Argumente gegeneinander abzuwägen und auf ihre Plausibilität hin zu überprüfen. »Soll ich mit Argument A oder B einsteigen?«, ist eine Frage, die Sie sich in jedem Fall stellen sollten. »Nein, ich werde nicht schon zu Beginn der Diskussion mein Pulver verschießen, sondern erst abwarten, was die anderen vorbringen ...« Dies könnte eine Antwort auf Ihre Frage sein. Auf jeden Fall müssen Sie sortieren.

Rhetorische »Füchse« arbeiten oft mit einer Argumentations-Klimax, die Sie gewiss auch schon einmal beobachtet haben – mit einer vom weniger Wichtigen zum Wichtigen ansteigenden Reihenfolge ihrer

Argumente. Solche Zeitgenossen gehen äußerst methodisch vor und stecken andere spielerisch in die Tasche – warum?

Zum einen, weil sie perfekte Beobachter sind und den Verlauf eines Meetings strukturiert wahrnehmen: Bei einer Sitzung oder Konferenz handelt es sich ja wie bei jedem Zusammentreffen von Menschen immer auch um einen gruppenpsychologischen Prozess, bei dem bestimmte Verhaltensmuster der Individuen und zwischen den Individuen feststellbar sind (so genannte intrapersonelle und interpersonelle Verhaltens- und Handlungsmuster). Die Füchse machen sich solche Muster zunutze: Sie spüren, wer die Meinungsmacher sind, und machen schnell die Starken in der Gruppe (nicht immer unbedingt die Chefs!) und auch die Schwachen aus (die Mitläufer, die mit der sich langsam herauskristallisierenden Meinungsmehrheit mitschwimmen) und auch die Opportunisten entgehen ihnen nicht (die mit einer anderen Auffassung ins Meeting kamen, aber aufgrund persönlicher oder karrieristischer Interessen jetzt ihr Fähnchen in den Wind hängen). Und da sie richtige Füchse sind, kennen sie die Schwächen ihrer Mitstreiter und machen sie zu Hasen, die dann all die Haken im Wettlauf der Argumente schlagen, die sie (die Füchse) geschlagen haben möchten.

Zum anderen sind die Füchse den jeweiligen Sitzungsteilnehmern überlegen, weil sie sich, proportional abnehmend bei zunehmender Routine, akribisch vorbereiten und ihre Argumente strukturieren – und zwar nach dem System der Klimax. Konkret: Sie hören aufmerksam zu, sind zunächst auffallend still und relaxed (vielleicht wirken sie sogar gelangweilt) und lassen ihre Augen wandern (ihnen entgeht nichts). Je nach Verlauf der Debatte beginnen sie behutsam, das ein oder andere Argument einzustreuen, sachte und fast nebenbei, plötzlich aber kommt ein gewichtigeres Argument aus ihrem Munde und noch eins und noch eins – bis dann das Schachmatt kommt, ein Argument, dem sich keiner entziehen kann, eine Argumentationskette, die zwingend logisch ist (oder wirkt!) und nicht selten Ausführungen anderer impliziert, die bereits von der Gruppenmehrheit bestätigt und anerkannt wurden.

Zwischenrede:

Nehmen Sie eine Standardsituation: Sie sind Marketingleiter eines Maschinenbauunternehmens, das routinemäßig bei einer Branchenfachmesse seine Produktpalette und sein Dienstleistungstableau präsentiert. Im bevorstehenden Meeting geht es darum, den kommenden Messeetat zu verabschieden. Sie wissen, dass es einige führende Mitarbeiter im Unternehmen gibt – sie alle nehmen an der Konferenz teil –, die die in den vergangenen Jahren rückläufige Entwicklung der Messe hinsichtlich der Zahl der Fachbesucher sehr kritisch sehen und daher auch die Ausgaben für die Ausstellung drastisch kürzen wollen.

Da in konjunkturellen flauen Zeiten bedauerlicherweise auch in Ihrem Unternehmen die Verfechter der »Rasenmäher-Methode« Konjunktur haben und sich mit dem denkbar simpelsten und fantasielosesten Vorschlag »Alle Ausgaben um fünf Prozent kürzen!« zu Sparkommissaren mausern, müssen Sie argumentativ gut gerüstet in die Konferenz gehen.

Ihre Argumentationskette: Der Etat kann keinesfalls geschrumpft werden, da ansonsten die Basisausstattung des Firmenauftritts gefährdet ist und sich Ihr Unternehmen gleich vollständig von der Messe verabschieden kann und – auch wenn die Zahl der Orders erheblich rückläufig ist – Ihr Unternehmen benötigt die Messe zwingend, um alte Geschäftskontakte zu pflegen und neue zu potenziellen Kunden aufzubauen. Darüber hinaus ist es auch eine Sache des Firmenimages, hier weiterhin vertreten zu sein.

Argumenationsklimax: Eine Methode, dieses Entscheidungs-Meeting nicht als Verlierer zu verlassen, kann gerade die argumentative Klimax sein. Gehen Sie dabei wie folgt vor:

- Räumen Sie zunächst ein, dass natürlich auch Ihnen die prekäre Situation infolge der konjunkturellen Delle bekannt ist.
- Gestehen Sie den Kritikern Ihres Etats bereits im Vorfeld ferner zu, dass auch Sie über die schrumpfende Zahl der Messefachbesucher und der Orders in den vergangenen Jahren informiert sind.
- Nehmen Sie jetzt vorsichtig Anlauf und erinnern Sie daran, dass Ihr Unternehmen vor einigen Jahren erfolgreich an einem Innovationspreis der Messe teilgenommen hatte. Tradition und vergangene Erfolge seien in diesen knappen Zeiten zwar keine Argumente, Image habe jedoch seinen Preis, und das Image Ihrer mittelständischen Firma, die einen Großteil ihres Umsatzes als Zulieferer zur Industrie generiert, habe durch die Auszeichnung gerade in industriellen Kreisen doch sehr gewonnen.
- Legen Sie anschließend eins drauf, indem Sie darauf verweisen, dass die Messe trotz ihres immer stärker werdenden regionalen Charakters die Leitmesse in Ihrer Branche ist. Nicht nur aus Imagegründen, sondern weil sich Ihr Unternehmen auch weiterhin gut im Markt positionieren müsse, sei eine Messeteilnahme daher unverzichtbar.

- Tragen Sie letztlich vor, dass die im vergangenen Jahr auf der Messe erhaltenen Aufträge im Vergleich zu den Umfrageergebnissen bei allen Ausstellern immer noch leicht positiv ausgefallen seien und Ähnliches auch in diesem Jahr zu erwarten sei (benützen Sie dieses Argument jedoch nur, wenn Sie selbst wirklich nur geringe Zweifel daran hegen).

Die skizzierte Argumentationskette ist in ihren Elementen willkürlich nachgezeichnet worden. Sie demonstriert jedoch die Methode der Klimax – ansteigend in der Bedeutung der Argumente, von allgemein und weniger wichtig bis hin zu sehr wichtig.

Rhetorische Füchse schließen eine solche Klimax übrigens gerne mit einem emotionalen Totschlagsargument in der Form eines Appells ab. Beispiel: »Wir wollen doch alle nicht dafür verantwortlich sein, unsere Umsatzziele noch weiter zu verfehlen – und dazu ist auch die Messe von Bedeutung ...« – oder positiver formuliert: »Wir wollen doch alle, trotz unterschiedlicher Auffassung in manchen Details, dass sich unsere Auftragslage wieder stabilisiert ...«

1.1.4 Rollenspiele

Ein weiteres Hilfsmittel zur Vorbereitung und zugleich die Perfektionierung einer »Imagination«, also der Vorstellung vom Verlauf eines Meetings, können Rollenspiele sein. Nein, werten Sie diesen Vorschlag nicht vorschnell als »kindisch« ab! Sie investieren doch auch viel Zeit und Kraft beispielsweise in eine Präsentation oder in ein Bewerbungsgespräch – ein geschäftliches Meeting, von dem einiges abhängt, sollten Sie deshalb nicht allzu »tief hängen«.

Wie kann ein Rollenspiel ablaufen? Dazu kehren wir noch einmal zum Meeting zurück, in dem es um den Messeetat ging. Sie wissen, dass Sie den Vertriebschef von Ihrer Einschätzung überzeugen müssen und Sie kennen seine Einwände, die er – wie immer – gut begründet und sachlich vorträgt.

Deshalb könnten Sie eine Freundin, einen guten Bekannten oder eine andere Person Ihres Vertrauens bitten – am besten jemand, dem solche Situationen nicht völlig fremd sind –, die bevorstehende Konferenz gemeinsam durchzuspielen. Ihr Partner übernimmt die Rolle des Vertriebschefs und Sie »spielen« sich selbst.

Bereiten Sie sich darauf mit der selben Intensität und Konsequenz vor, mit der Sie sich auf das reale Meeting vorbereiten. Der Trick dabei: Sie üben Ihre Argumentationslinien und vor allem lernen Sie, mit Gegenargumenten und Einwänden umzugehen.

Ein Tipp: Seien Sie hart zu sich selbst, haben Sie den Mut, Ihre argumentativen Schwächen zu erkennen und motivieren Sie sich dazu, diese zu verbessern. Ermuntern Sie Ihren Sparringspartner deshalb dazu, im Rollenspiel mit aller Härte und allen Tricks zu argumentieren und seien Sie erst dann mit dem Ergebnis zufrieden, wenn Sie und ihr Partner überzeugt davon sind, dass sich Ihre Argumente keinesfalls logischer und plausibler präsentieren lassen.

Absolut professionell würden Sie vorgehen, wenn Sie Ihr Rollenspiel mit einer kleinen Videokamera aufzeichneten (siehe weiter unten). Glauben Sie getrost: Die Auswertung der Spielsituation meinsam mit Ihrem Partner bringt oft sehr Interessantes zutage, beispielsweise Ausdrucksformen Ihrer Körpersprache, die Ihnen bislang überhaupt nicht bewusst waren. Nicht selten wird Ihnen dann klar, dass Ihre Argumente besser »rüberkommen«, wenn mit Ihrer sachlichen Überzeugung auch Ihre körperlichen Ausdrucksformen in Einklang stehen.

1.1.5 Teletraining

Wie nützlich die Übung von Gesprächssituationen bzw. von Interviews, Vorträgen und Moderationen ist, zeigen so genannte Teletrainings. Seminare und Workshops dieser Art werden normalerweise von professionellen Journalisten und/oder Managementtrainern veranstaltet, die genau über die Hintergründe der journalistischen Arbeitsweise, das Erkenntnisinteresse von Redakteuren sowie generell über die möglichen Fehlerquellen bei öffentlichen Auftritten Bescheid wissen und die Tricks und Fallen kennen, in die der Ungeübte beinahe zwangsweise stolpert.

Teletrainings sind hart und werden von vielen prominenten Vertretern des öffentlichen Lebens – Politiker, Wirtschafts- und Verbandsbosse, Sportler, Künstler, Stars und Sternchen – besucht (oft im Einzelunterricht und durch die Hintertür).

Die Erfahrungen der Trainierten sind durchweg positiv. Die Analyse der auf das Tape gebannten Performance gibt in den allermeisten Fällen reichlich Stoff zur konstruktiven Selbstkritik. »Warum verändere ich meine Sitzposition so oft, ich wirke doch reichlich angespannt?«, »Warum zwicke ich die Augen immer so zu?« oder »Ich sollte vielleicht doch etwas langsamer und akzentuierter sprechen ...« sind Erkenntnisse, die nur auf diesem Wege gewonnen werden. Der Lerneffekt ist groß und führt nicht selten zu einer wesentlichen Verbesserung der öffentlichen Präsentation.

Selbstredend hat ein sicheres und souveränes Auftreten großen Einfluss auf die mentale Fitness. Muss ich mir darüber keine Sorgen mehr machen, kann ich mich beruhigt auf die inhaltliche und fachliche Vorbereitung konzentrieren.

1.2 Stärken- und Schwächen-Analyse des »Gegners«

In unmittelbarem Zusammenhang mit der mentalen Vorbereitung, der Definition der Ziele und Auswahl der Strategien und Argumente sowie einer effizienten Selbstkontrolle durch Rollenspiele steht die Analyse der Stärken und Schwächen des rhetorischen Gegners. Klar: Mit Ihrer geistigen Vorbereitung auf das entscheidende Meeting verinnerlichen Sie die Situation, die auf Sie zukommt, und Sie wählen natürlich solche Argumente aus, die Sie aus Ihrer Erfahrung heraus für zwingend halten – und von denen Sie zugleich annehmen, Ihr »Gegner« könne dem wenig entgegensetzen.

Damit beschäftigen Sie sich bereits mit den Schwächen der Person, die Sie von der Richtigkeit Ihrer Vorhaben überzeugen wollen. Vielleicht wissen Sie ja auch, dass der- oder diejenige nicht so fit auf einem fachlichen Gebiet ist, Ihrem Charme oder Ihrer Ausstrahlung unterliegt, leicht »einknickt«, wenn hart argumentiert wird, oder Ähnliches. Solche Erkenntnisse sollten Sie sich zunutze machen und in die Auswahl und Art Ihrer Argumentation einbauen.

Ebenso müssen Sie sich der Stärken Ihres Gegners bewusst sein. Erinnern Sie sich an Situationen, wo er andere »aufs Glatteis geführt« hat, machen Sie sich klar, in welchen Fragen ihm nichts vorzumachen ist und bedenken Sie seine Gesprächstaktik. Wenn Sie in eine schwer kalkulierbare Gesprächssituation mit einem Menschen geraten, der Ihnen unbekannt ist, versuchen Sie im Vorfeld, so viel wie möglich in Erfahrung zu bringen.

Sich mit dem »Gegner« in einer bevorstehenden Verhandlungs- oder komplizierten Gesprächssituation vorab zu befassen, ist eine Frage der rhetorischen Intelligenz. Der Versuch, seine Reaktionen zu kalkulieren und sich in ihn hineinzuversetzen, ist allemal der Mühe wert. Kein professionell Verhandelnder wird die Strategien seines Gegners unberücksichtigt lassen, es sei denn, er befindet sich in der komfortablen Situation des absolut Überlegenen und setzt auf den lupenreinen Verhandlungserfolg des Würgegriffs.

In allen anderen Fällen ist es ratsam, sich vorzustellen, was dieser und jener Vorschlag beim Gegner auslöst und wie dann wiederum selbst bei dieser oder jener Alternative zu reagieren ist. Nicht die Schlechtesten sind es übrigens, die sich auf solche bevorstehenden Situationen »visuell« vorbereiten und Szenarien von Reaktionen und möglichen Gegenreaktionen zu Papier bringen.

Stärken- und Schwächen-Analyse des »Gegners«

- Versuchen Sie, sich möglichst genau in die bevorstehende Verhandlungs- und/oder Gesprächssituation hineinzuversetzen!
- Versuchen Sie, sich in Ihren jeweiligen Gegner hineinzuversetzen!
- Welche Ziele verfolgt er? Welche Ergebnisse will er erzielen?

- Welche Strategien könnte er dazu einsetzen?
- Welche Argumente dürfte er benutzen?
- Haben Sie sinnvolle und plausible Gegenargumente oder: Welche Gegenargumente finden Sie selbst, um Ihre eigene Argumentation zu schwächen?
- Überprüfen Sie auf Grundlage der so gewonnenen Einsichten Ihre Argumentationslinien nochmals genau!
- Wie ist der Gegner zu »fangen«? Welche Gesprächstechniken und/oder welche rhetorischen Strategien lassen sich einsetzen?
- Welches Verhalten dürfte die Position Ihres Gegners schwächen, welches seine Position eher stärken?

1.3 Psychologische Vorbereitung

1.3.1 Die Psychologie des Überzeugens: Die scharfen Waffen der Einflussnahme

Verkaufen ist Psychologie. Für erfolgreiche Verkäufer ist das nichts Neues. Bevor ein Vertrag zwischen Verkäufer und Käufer über den Besitzwechsel eines bestimmten Produkts oder einer Dienstleistung zustande kommt, muss Überzeugungsarbeit beim Käufer geleistet werden – zumal, wenn der potenzielle Käufer in der komfortablen Lage ist, zwischen mehreren Produkten gleicher Qualität bei verschiedenen Verkäufern auszuwählen.

Überzeugen vom Vorteil des Kaufs kann der Verkäufer dann beispielsweise mit dem Preis, mit besonderen Vorzügen seines Produkts gegenüber anderen vergleichbaren Produkten, speziellen Serviceleistungen nach dem Kauf – oder aber mit Strategien, die grundlegende psychologische Mechanismen berücksichtigen. Darum geht es in diesem Abschnitt: Verkaufen können ist verhandeln können.

Aus einer Untersuchung des experimentell arbeitenden Sozialpsychologen Robert B. Cialdini destillieren wir fünf psychologische Prinzipien im Wesen der Überzeugungsstrategien heraus. Die »Waffen der Einflussnahme« sind:

- Reziprozität
- Konsistenz und Commitment
- die soziale Bewährtheit
- Sympathie
- Autorität

Der US-Amerikaner Cialdini vom Department of Psychology an der Arizona State University (siehe Anhang, Seite 221) hat sich folgende Fragen gestellt: »Was führt dazu, dass eine Person das tut, was eine andere möchte? Und welches sind die Techniken, die diese Faktoren am effektivsten einsetzen, um jemand willfährig (compliant) zu machen?« Diese Fragestellung ist für die Analyse der Mechanismen manipulativer Rhetorik und für Ihre mentale Vorbereitung auf die Anwendung rhetorischer Strategien von herausragender Bedeutung. Darum wollen wir uns an dieser Stelle in der gebotenen Kürze damit befassen.

1.3.1.1 Das Prinzip der Reziprozität (»Geben und Nehmen«)

Tief verwurzelt im Menschen ist die so genannte Reziprozitätsregel. Sie bedeutet vereinfacht gesagt, dass ich jemandem einen Gefallen tue und ihn im Gegenzug darum bitte, mir auch einen Gefallen zu tun oder mir in Zukunft etwas zum Ausgleich dafür zu geben – die Reziprozitätsregel ist die Verpflichtung zur Gegenseitigkeit.

Was hier so banal daher kommt, ist in Wirklichkeit eine der mächtigsten Waffen zur Beeinflussung von Menschen: Dadurch, dass ich jemandem etwas gebe, ihm etwas Gutes zu seinem Vorteil tue bzw. ihm einen Gefallen erweise, erreiche ich, dass er mir verpflichtet ist!

Cialdini: »Wenn uns jemand einen Gefallen tut, sollten wir ihm auch einen tun, wenn wir von jemandem ein Geburtstagsgeschenk erhalten, sollten wir ihn an seinem Geburtstag ebenfalls mit einem Geschenk bedenken; werden wir zu einer Party eingeladen, sollten wir nicht vergessen, bei entsprechender Gelegenheit eine Gegeneinladung auszusprechen. Die Reziprozitätsregel schreibt vor, dass wir uns für Gefälligkeiten, Geschenke, Einladungen und dergleichen zu revanchieren haben. Es ist so normal, sich beim Erhalt eines der genannten Dinge zur Gegenleistung verpflichtet zu fühlen, dass in vielen Sprachen Wendungen wie ‚Ich bin Ihnen sehr verpflichtet' zum Synomym für ‚Danke' geworden sind.«

Die Power dieser Regel ist riesengroß: So gibt es nach eingehenden und seriösen wissenschaftlichen Studien die Reziprozität in allen menschlichen Gesellschaften. Und Cialdini arbeitet sehr überzeugend heraus, dass diese Regel nachgerade eine der wesentlichsten Grundlagen für die Entwicklung komplexer und funktionierender menschlicher Kulturen ist. Weil die Menschen im Verlauf ihrer Geschichte gelernt haben, dass etwas zu geben zugleich bedeutet, etwas zu bekommen, haben sich koordinierte und effizient organisierte Systeme des Handels, der Politik, der gegenseitigen Hilfeleistung herausgebildet. Nur so kam es zu einer Teilung der vorhandenen Ressourcen, die die Basis aller menschlicher Lebensgemeinschaften ist.

Was in diesem Zusammenhang sehr wichtig ist: Menschen, die sich nicht an die Reziprozitätsregel halten – die nehmen, ohne zu geben – werden von sozialen Sanktionen getroffen! Die Nichteinhaltung der Regel, die als »ungeschriebenes Gesetz« der menschlichen Interaktion verstanden werden muss, wird also bestraft.

Cialdini: »Wegen der allgemeinen Ablehnung gegen diejenigen, die nehmen, ohne zu geben, tun wir oft alles Erdenkliche dafür, nicht als geizig, undankbar oder selbstsüchtig zu gelten.«

Richtig: Stellen Sie sich vor, Sie haben einen Bekannten zu Ihrer Geburtstagsparty eingeladen, erhalten jedoch keine Gegeneinladung. Sie werden sich gut überlegen, ihn auch zu Ihrem nächsten Geburtstag einzuladen. Genau so verhält es sich mit alltäglichen Gefälligkeiten, die wir für andere tun. Einem Freund nach einem netten Abend sein Bier zu bezahlen ist selbstverständlich (»Kleine Geschenke erhalten die Freundschaft ...«), diese Wertschätzung aber nie zurückzuerhalten würde auf längere Sicht bedeuten, künftig nur noch den eigenen Bierdeckel auszulösen und den »Freund« überdies bald für einen »Schnorrer« oder undankbaren Zeitgenossen zu halten, für den Freundschaft wohl nicht mehr heißt, als sich auf anderer Leute Kosten gütlich zu tun.

Ein Beispiel:

Ein mittelständisches Unternehmen aus der Branche Sanitär-Heizung-Klima hat einen großen Auftrag an Land gezogen und baut für einen sehr vermögenden Kunden ein komplett neues Badezimmer in seinem Penthouse ein. Alles nur vom Feinsten, Geld spielt keine Rolle, aber es muss exakt nach den Vorstellungen des Kunden ausgeführt werden. Der Auftraggeber weilt mit seiner Gattin derweil am Meer und blättert in seinen Kontoauszügen.

Zu Hause angekommen, betritt die Gattin voll freudiger Erregung ihr neues Badezimmer und ist begeistert. Wenig später stellt sie aber enttäuscht fest, dass die Fliesenborte über der Duschkabine an einer Stelle ungünstig verläuft und das Motiv gestückelt wurde. Da war wohl das Material vorzeitig ausgegangen und die Handwerker hatten versucht, das Malheur irgendwie zu reparieren.

Eigentlich ist sie sauer, auch wenn sonst alles ganz hervorragend ausgeführt wurde. Ein hochwertiges und sehr geschmackvolles Necessaire allerdings, das sie auf der Spiegelablage zusammen mit den besten Grüßen als, wie es heißt »Kleine Aufmerksamkeit für Sie«, überrascht, lässt den Zorn allmählich verrauchen und die Idee in ihr aufkeimen, dass sie sich an die nicht hundertprozentig verlaufende Fliesenborte vielleicht doch gewöhnen könnte.

Irgendjemand in dem Unternehmen – wahrscheinlich der Inhaber selbst – hatte die Reziprozitätsregel angewendet: Das Necessaire als attraktive Gefälligkeit für die Kundengattin verpflichtete die eigentlich enttäuschte Dame dazu, unbewusst auch etwas zu geben – ihr augenzwinkerndes Einverständnis und die Abnahme einer Leistung, die normalerweise moniert worden wäre. Wahrscheinlich hatten die Kosten für das Geschenk nur einen Bruchteil der Aufwendungen für die Reparatur der Fliesenborte betragen. Außerdem war das Material in der Kürze der Zeit nicht mehr aufzutreiben gewesen. Also!

Der Profit für den Unternehmer liegt klar auf der Hand: Vermeidung von Ärger durch Mängelprotokolle und verschleppte Abnahme, keine zusätzlichen Aufwendungen und unbezahlte Arbeitsstunden für die Reparatur der Borte bei in diesem Fall wohl pünktlicher und vollständiger Bezahlung. Sie werden mir Recht geben: ein positives Beispiel – obwohl die Kundengattin natürlich auch geschickt »manipuliert« wurde ...

> ***Welche Bedeutung hat die Reziprozitätsregel im Zusammenhang mit der finalen Rhetorik?***
>
> Eine gar nicht zu überschätzende! Denn es gibt Leute, die aus unseren Verbundenheitsgefühlen, aus unserer Selbst-Verpflichtung zur Gegenleistung heraus, Profit schlagen. Manipulative Rhetoriker »säen« dieses Verbundenheitsgefühl zunächst behutsam aus – um dann reiche Ernte in die Scheuer zu fahren.

»Aufgepasst!«, heißt es deshalb, wenn die Reziprozitätsregel unter diesen Vorzeichen eingesetzt wird. Dies wäre zum Beispiel der Fall, wenn Sie in einer speziellen Verhandlung, in die Sie aus bestimmten Gründen mit einer schlechten Ausgangsposition gehen, von einem Geschäftspartner ein Teilangebot erhielten, das auf den ersten Blick für Sie vorteilhaft wirkt. Ihr erster Gedanke sollte dann immer lauten: »Warum tut er das? Welches Ziel verfolgt er damit?« Denn wenn derjenige, der sich in der besseren Verhandlungsposition befindet, ein scheinbar lukratives, faires oder großzügiges Angebot macht (obwohl er es nicht nötig hätte), sollten Ihre Alarmglocken schrillen. Sie sollten zumindest skeptisch sein und keineswegs erfreut und angenehm berührt über so viel »Großzügigkeit« in die Falle tappen. Denn Ihr (böswilliger) Gegner rechnet vielleicht genau mit dieser Reaktion auf Grundlage der Reziprozitätsregel. Sein Kalkül: Ich gebe ihm zunächst einen kleinen Vorteil und anschließend wird er mir meinen großen Vorteil, den ich begehre, nicht mehr abschlagen können.

1.3.1.2 Konsistenz und Commitment (Beständigkeit und Bekenntnis)

Auch hinter diesen beiden Begriffen verbirgt sich eine häufig verwendete und höchst wirkungsvolle Waffe der Einflussnahme auf Entscheidungsprozesse und Verhaltensmuster anderer Menschen.

Zunächst zum Begriff »Konsistenz«: Eine sehr übliche menschliche Eigenschaft ist es, »konsistent« (oder konsequent) zu sein. Das heißt: Wenn wir einmal eine Entscheidung getroffen oder eine Position bezogen haben, drängt es uns ganz tief in unserem Inneren, die Entscheidung bzw. Position beizubehalten und auch ihre Folgen konsequent zu tragen. Wie Cialdini ausführt, sind dafür »intrapsychische und interpersonelle Kräfte« verantwortlich. Diese Kräfte lassen uns in Zukunft so handeln, dass wir die getroffene Entscheidung oder eingenommene Position vor uns selbst rechtfertigen – selbst dann, wenn wir ganz oder in Teilen nicht mehr damit einverstanden sind! Wir überzeugen uns also selbst ständig davon, dass wir richtig gehandelt haben und versuchen so, mit uns ins Reine zu kommen.

Auch hierfür gibt es eine Erklärung, die weit in die Entwicklungsgeschichte des Menschen zurückführt. Denn: Ein gesellschaftliches Miteinander kann nur dann funktionieren und nicht in Mord und Totschlag enden, wenn Normen und Regeln für menschliches Verhalten existieren. Diese müssen konsequent (eben »konsistent«) eingehalten werden, um Individuen kalkulierbar zu machen. Im umgekehrten Fall muss die Nicht-Einhaltung bestraft werden – eine wesentliche Voraussetzung für die gesellschaftliche Entwicklung und ein besonders großer Vorteil in komplexen modernen Gesellschaften, da konsistentes Verhalten quasi automatisches Verhalten ist. Dadurch verschaffen wir uns die Möglichkeit der Routine: Wir müssen keine Mühe darauf verwenden, uns immer wieder zu fragen »Wie verhalte ich mich denn in dieser und jener Situation?«, sondern verhalten uns stur konsistent.

Konsistenz ist überdies eine Charaktereigenschaft, die sehr positiv gewertet wird. Ein Mensch, der inkonsistent handelt – etwa heute so und morgen so entscheidet, nicht zu seinen Entscheidungen steht und ständig seine Positionen wechselt –, ist unbeliebt. Nicht, dass wir uns stets mit seinen neuen Positionen inhaltlich und analytisch auseinander setzen würden und diese eventuell ablehnten – nein. Einer, dessen Worte und Taten im Widerspruch zueinander stehen, gilt als »Wackelkandidat«, »Wendehals«, als einer »der sein Fähnchen nach dem Wind hängt« und der vielleicht »Wasser predigt und Wein trinkt«. Kurzum: Konsistenz gilt als persönliche Stärke, weil sie einem tiefen Grundbedürfnis des Menschen entspricht: der Sehnsucht nach Orientierung und Überschaubarkeit. Und dazu benötigen wir Verlässlichkeit.
So weit die positive, entwicklungsgeschichtlich bedingte Seite der Konsistenz. Die andere Seite der Medaille glänzt nicht so schön: Konsistenz kann als automatisch-mechanische Reaktion auch Nachteile bringen, die sich Geschäftemacher zunutze machen.

Denken Sie beispielsweise an die so genannte »Markentreue« vieler Konsumenten. Ob es sich um den Kauf eines Automobils, eines Fernsehgerätes oder um den Erwerb eines verhältnismäßig preiswerten Lippenstiftes handelt: Wir entscheiden uns sehr häufig für die Artikel ein- und desselben Herstellers. Wir haben einmal die Entscheidung für eine Marke getroffen – und bleiben gewöhnlich dabei – selbst dann, wenn uns überzeugende und stichhaltige Gründe für den Wechsel zu einer anderen Marke präsentiert werden. Wir handeln quasi automatisch, da wir diese Entscheidung eben bereits getroffen hatten und sie stets wieder vor uns selbst rechtfertigen müssen – mit jedem neuen Kauf des Nachfolgeprodukts dieser Marke!

Denken Sie nur daran, wie genial das Marketing des Unterhaltungselektronik-Produzenten Sony in diesem Zusammenhang ist: »My first Sony« prangt auf den denkbar einfach konstruierten, robusten und tragbaren Kassettenrecordern für Kleinkinder. Dies impliziert in geradezu herausfordernder Weise den Appell an das Konsistenzprinzip (zunächst der Eltern): Nach dem »first Sony« folgt selbstverständlich der zweite, dritte und so weiter Sony.

Nun zum zweiten Teil des Begriffspaares: Commitment. Cialdini erklärt den Ausdruck folgendermaßen: »Wenn ich Sie zu einem commitment bringen kann (das heißt dazu, einen Standpunkt einzunehmen, sich zu etwas zu bekennen), habe ich damit die Voraussetzungen dafür geschaffen, dass Sie automatisch und ohne lange zu überlegen in Einklang mit dieser Feststellung handeln. Sobald man einmal einen Standpunkt eingenommen hat, besteht eine natürliche Tendenz, konsistent bei diesem Standpunkt zu bleiben.«

Der Zusammenhang zwischen Konsistenzprinzip und Commitment ist klar: Überzeugungsprofis versuchen zunächst, ihren »Opfern« ein Commitment abzuringen (auf unverblümte oder auch subtile Art und Weise). Haben diese dann ihr Bekenntnis zu etwas abgelegt, greift quasi-automatisch das Konsistenzprinzip, das sie (innerlich) dazu zwingt, bei diesem Comittment zu bleiben und sich analog zu seinen implizit angelegten Handlungsanleitungen zu verhalten. Klappe zu, Affe tot!

Den Wirkungszusammenhang zwischen Konsistenz und Commitment machen sich unter anderen die mittlerweile oft gut geschulten »Drückerkolonnen« bei ihren Haustürgeschäften zunutze. Jemand soll beispielsweise von einem jungen Mann dazu bewogen werden, eine Zeitschrift zu abonnieren. Der junge Mann verwickelt den (unbedarften) Wohnungsinhaber in einen scheinbar zufälligen und netten

Plausch und fragt, nachdem er die gute Lage und das gepflegte Äußere der Wohnanlage gelobt hat, unvermittelter Dinge auf einmal: »Ihnen geht es gut, nicht?«

Der Wohnungsinhaber dürfte in den meisten Fällen dann freundlich nicken – und bereits in die Falle getappt sein. Denn den anschließend geäußerten Wunsch des Türstehers, ihm doch ein Zeitschriftenabonnement abzunehmen, von dessen Erlös ein gewisser Teil auch Bedürftigen zufließe, denen es bedauerlicherweise nicht so gut gehe, kann er für gewöhnlich nicht mehr so einfach ablehnen. Dem Commitment »Mir geht's gut« folgt das Konsistenzprinzip auf dem Fuße: Ich habe mich dazu entschieden, dass es mir gut geht, und das soll so bleiben. Deshalb kann ich mir ein Abo mehr leisten und tue zugleich auch noch etwas für andere, denen es nicht so gut geht.«

Welche Bedeutung haben Konsistenzprinzip und Commitment im Zusammenhang mit der finalen Rhetorik?

Ihre Wirkung ist bei Angriffs- und bei Abwehrstrategien gleichermaßen zu berücksichtigen: Habe ich meinen Gesprächsgegner so weit gebracht, dass er ein Bekenntnis zu etwas abgelegt hat, kann ich darauf bauen, dass er konsistent in meinem Sinne – auf der Grundlage des Commitments also – handelt.

1.3.1.3 Die soziale Bewährtheit (Nachahmung)

Dieses Prinzip ist denkbar einfach zu erklären: Menschen orientieren sich bei der Wahl von Handlungsalternativen oder bei der Einnahme von Positionen (zum Beispiel im Meinungsstreit) sehr häufig an anderen Menschen. Cialdini schreibt dazu: »Dies gilt insbesondere für die Beurteilung der Angemessenheit von Verhalten: Wir betrachten ein Verhalten in einer gegebenen Situation in dem Maß als richtig, in dem wir dieses Verhalten bei anderen beobachten.«

Unser Maß für »richtiges« Verhalten ist also das häufig zu beobachtende Verhalten bei anderen. Wir haben gelernt, dass ein Verhalten, das wir an vielen beobachten, meist das »Richtige«, also »sozial bewährt« ist.

Die soziale Bewährtheit ist ebenso wie das Reziprozitätsprinzip und der Begriffszusammenhang Commitment und Konsistenz eine unverzichtbare Entwicklungskonstante und Existenzgrundlage menschlicher Gemeinschaften. Auch sie verschafft Orientierung. Ob es beispielsweise darum geht, korrekt mit Messer und Gabel zu essen oder darum, wie man sich im Theater zu benehmen hat – das Verhalten anderer gibt uns Orientierung.

Die soziale Bewährtheit hat jedoch auch noch einen anderen Effekt: Sie verführt dazu, ohne größere Reflexion – quasi im »Schnellverfahren« – Aktionsmuster zu übernehmen, weil es eben »die anderen auch so tun«. Nach diesem Beispiel verfahre ich beispielsweise, wenn ich mit meinen Kindern an einem schönen Sommerabend durch die Stadt spazieren gehe und ihnen, ohne quengelnd dazu aufgefordert worden zu sein, Eiskrem spendiere. Viele Kinder laufen mit ihren Eltern durch die Stadt und viele Kinder schlecken Eiskrem. Ich orientiere mich also, ohne groß darüber nachzudenken, am Verhalten anderer.

Doch wie bei den vorgenannten Prinzipien sind auch bei der sozialen Bewährtheit gravierendere Wirkungen zu beachten. Diese resultieren ebenso aus dem »Automatismus« des Prinzips. Auch hiermit planen kluge Zeitgenossen: Wenn beispielsweise bei einer Preisverhandlung ein Kunde fordert, »mindestens fünf Prozent Nachlass auf den Gesamtpreis« zu gewähren, weil »das in der Branche mittlerweile so üblich« sei, beruft er sich auf die soziale Bewährtheit. Und wenn die

Lage in der Branche wirklich angespannt ist, das Auftragsvolumen zu gering, die zu erzielenden Preise ohne Abschlag nicht durchsetzbar, der Wettbewerb hart und die fünf Prozent tatsächlich auch von anderen gegeben werden, hat der Kunde gute Chancen, den Vorteil auch zu erhalten.

Welche Bedeutung hat das Prinzip der sozialen Bewährtheit im Zusammenhang mit der finalen Rhetorik?

Wenn ich jemanden davon überzeugen kann, dass andere sich in einer bestimmten Situation auch so verhalten würden, wie ich es einfordere, setze ich den »Gegner« unter Druck. Nur starke Persönlichkeiten orientieren sich nicht am Verhalten anderer in vergleichbaren Situationen.

1.3.1.4 Das Prinzip der Sympathie

Sympathie ist in allen Lebensbereichen der entscheidende Schlüssel zum Erfolg. Sie finden das übertrieben? Nein! Sympathie ist die bei weitem schärfste Waffe von psychologisch geschulten Überzeugungs- und Manipulationsprofis.

Wenn Sie aus der Verkaufspraxis kommen, wissen Sie es längst: Jeder Verkäufer versucht zunächst, dem Kunden »sympathisch« zu sein. Warum? Weil Sympathie Abwehrhaltung und negative Gefühle – der Verkäufer »will« ja schließlich etwas von uns, und da sind wir zunächst einmal misstrauisch – in den meisten Fällen zumindest kompensiert, wenn nicht gar vertreibt. Mehr noch: Sympathie kann den Verstand sogar ganz und gar ausschalten – und damit ist nicht einmal an die Lebensweisheit »Liebe macht blind«, also an »Extremsituationen« der Sympathie, erinnert, sondern an ganz alltägliche Lebenslagen.

Wenn wir jemanden »sympathisch« finden, reduziert sich unser Kritikvermögen und unsere Kritikbereitschaft in dem Maße, in dem wir ihn/sie sympathisch finden. Dies kann bis zur völligen Kapitulation des Kritikvermögens führen.

Zur Erreichung der eigenen Ziele und/oder Durchsetzung von Forderungen ist die Herstellung von Sympathie beim Verhandlungspartner also von entscheidender Bedeutung. Cialdini: »Die wenigsten von uns wären überrascht zu erfahren, dass wir in der Regel am ehesten bereit sind, den Bitten von Leuten nachzukommen, die wir kennen und mögen. Erstaunlicher dagegen ist, dass diese einfache Regel in hundertfacher Weise von uns völlig fremden Leuten dazu benutzt wird, uns zu etwas zu verleiten.« Wie wahr! Es gibt Zeitgenossen, die die dreistesten Forderungen mit dem nettesten und sympathischsten Lächeln stellen – und damit durchkommen.

Welche Mechanismen laufen hier ab?

- Sympathisch erscheinen uns Menschen, die wir attraktiv finden. Diesen Satz dürfte jeder von uns zunächst einmal unterschreiben, ohne sich jedoch der phänomenalen Auswirkungen äußerlicher Attraktivität vollends bewusst zu sein. Neue Forschungen haben nämlich ergeben, dass gut aussehenden Menschen automatisch Eigenschaften wie Intelligenz, Begabung, Ehrlichkeit und Freundlichkeit zugeschrieben werden. Dies führt dazu, dass gut aussehende Politiker nicht so attraktiven Wettbewerbern bei vergleichbarer Qualifikation in Wahlen vorgezogen werden, dass (und das ist wirklich beunruhigend!) gut aussehende Straftäter bei vergleichbaren Straftaten nicht so häufig ins Gefängnis wandern wie ihre weniger attraktiven »Kollegen« und gut aussehende Stellenbewerber und -bewerberinnen bei vergleichbarer Eignung sehr viel wahrscheinlicher den neuen Job erhalten als die weniger attraktiven Konkurrenten.

- Sympathisch finden wir darüber hinaus Menschen, die uns »ähnlich« erscheinen. Der Begriff der Ähnlichkeit meint hierbei weniger das Äußere, sondern Ähnlichkeiten von Charaktereigenschaften (»Seelenverwandtschaften«) in der Herkunft und im Lebensstil sowie Ähnlichkeiten in wichtigen Auffassungen. Cleveren Immobilienverkäufern entgeht bei ihrem persönlichen Besuch in der Mietwohnung des potenziellen Interessenten beispielsweise nicht, dass im Flur Fotografien von Gleitschirmfliegern hängen. Beiläufig erwähnt der Profi dann an einer geeigneten Stelle des locker-flockigen Verkaufsgesprächs, dass er am kommenden Wochenende nach Österreich düsen will, um seinen neuen Flugdrachen gebührend einzuweihen. Der potenzielle Käufer wird's gerne hören, denn hier sitzt einer, der seine Leidenschaft versteht ...
- Sympathisch finden wir ferner Menschen, die uns Komplimente machen. Diese Einsicht überrascht Sie sicher nicht. Doch wir sind weitaus mehr für Komplimente empfänglich als wir uns selbst eingestehen. So haben sozialwissenschaftliche Forschungen ergeben, dass wir offensichtlich eine Tendenz haben »mechanisch positiv auf Komplimente zu reagieren« (Cialdini). Diese Tendenz scheint so stark zu sein, dass wir sogar auf Leute hereinfallen, die uns offensichtlich lediglich Honig um den Bart schmieren, um ein bestimmtes Ziel zu erreichen. (Sympathie frisst Hirn!).
- Und schließlich sind uns Menschen sympathisch, die uns vertraut erscheinen. Diese Vertrautheit – das heißt, dass wir mit Menschen beispielsweise schon einmal Kontakt hatten oder sie gar näher kennen – ruft unbewusst Zuneigung hervor, die wir nicht vertrauten Men-

schen zunächst nicht entgegenbringen. Diese Vertrautheit schafft im Übrigen die Bereitschaft zur Kooperation, zur Zusammenarbeit mit Menschen, die uns vertraut erscheinen.

> Welche Bedeutung hat das Prinzip der Sympathie im Zusammenhang mit der finalen Rhetorik?
>
> Überzeugungs- und Manipulationsprofis gehen oft den Weg des »Einlullens«. Sie wirken sympathisch, stimmen anderen Aussagen zu, verteilen Komplimente und stellen Ähnlichkeiten in den Meinungen fest – um letztlich ihr Ziel (keiner hat's gemerkt) lupenrein zu erreichen.

1.3.1.5 Das Prinzip der Autorität

Last but not least ist das Prinzip der Autorität für menschliches Handeln häufig von entscheidender Bedeutung. Die Bücher, die über Autoritätsgläubigkeit insbesondere nach dem Zweiten Weltkrieg in Deutschland publiziert wurden, sind Legion. Welche Ur-Instinkte werden im Menschen durch die Macht der Autoritäten geweckt, wie konnte es möglich sein, dass ein ganzes Volk derart fragwürdigen »Autoritäten« wie Hitler und seinen Helfershelfern folgte, weshalb ist obrigkeitsstaatliches Denken und die Orientierung an institutionellen Autoritäten ausgerechnet in Deutschland so stark, welche sozialpsychologischen Mechanismen liegen dem Gehorsam zu Grunde? Fragen über Fragen, die ein Heer von Historikern und Sozialwissenschaftlern aus vielen Ländern bearbeitet hat.

Mit dem Vorurteil jedoch, dass lediglich die Deutschen autoritätsgläubig seien – oder sich in ihren Meinungen, Lebensstilen und Interessen zumindest besonders stark an Autoritäten orientierten –, hat bereits der Psychologieprofessor Milgram in den 70er-Jahren an der US-amerikanischen Universität Yale aufgeräumt. Mit einem schockierenden und bahnbrechenden Labor-Experiment, bei dem so genannte »Lehrer« (amerikanische Durchschnittsbürger) einem »Schüler« (ein Schauspieler) bei Nichtbefolgen einer Anweisung immer stärkere Stromstöße versetzten und dessen schwere Verletzung und sogar seinen »Tod« in Kauf nahmen, konnte Milgram zeigen, dass Autoritätsgläubigkeit auch in anderen Staaten eine intensive Macht auf die Motive und Handlungen von Menschen ausübt. Freilich: Der »Schüler« wurde nicht wirklich verletzt, er simulierte nur. Die »Lehrer« jedoch waren der Überzeugung, dass sie den Schauspieler wirklich mit Stromstößen quälten, und ließen sich von autoritär auftretenden »Wissenschaftlern« ohne Ausnahme dazu bewegen, die Prozedur bis zum bitteren Ende fortzusetzen: ein beunruhigendes, schauerliches und makabres Experiment, das jedoch mit Illusionen über eine eventuell stärker ausgeprägte Individualität, Integrität und stabile Persönlichkeit von Nicht-Deutschen Schluss machte.

Auch in weniger dramatischen Zusammenhängen ist Autorität ein machtvolles und einflussreiches Motiv für menschliche Entscheidungen und Handlungsmuster. Kein Wunder: Systeme der Autorität bringen menschlichen Gemeinschaften gravierende Vorteile. Sie ermöglichen die Entwicklung differenzierter Strukturen und schaffen die Grundlage für gesellschaftliche Vereinbarungen, deren Nichteinhaltung sanktioniert ist – rechtliche Normen, moralisch-ethische Regeln, Konventionen und so weiter. Das Prinzip der Autorität schafft also – wie die vier bereits genannten Prinzipien auch – Orientierung!

Cialdini: »(Es ist) schon immer von praktischem Nutzen für uns gewesen, den Anweisungen von Autoritätspersonen Folge zu leisten. In unserer Kindheit wussten diese Menschen (Eltern, Lehrer) mehr als wir, und wir machten die Erfahrung, dass es sich lohnte, auf ihren Rat zu hören – zum Teil wegen ihres größeren Wissens und zum Teil wegen ihrer Macht, uns zu belohnen oder zu bestrafen. Als Erwachsene gilt dasselbe – aus denselben Gründen, auch wenn es sich bei den Autoritätspersonen nun um Vorgesetze, Richter und Staatsführer handelt. Da ihre Position auf besseren Zugang zu Wissen und Macht schließen lässt, ergibt es Sinn, sich den Forderungen von Menschen mit wohl begründeter Autorität zu fügen. Es ergibt so viel Sinn, dass wir uns oft sogar dann fügen, wenn es eigentlich überhaupt keinen Sinn ergibt.«

Welche Bedeutung hat das Prinzip der Autorität im Zusammenhang mit der finalen Rhetorik?

Nicht nur labile Persönlichkeiten lassen sich durch die Macht der begründeten oder scheinbar begründeten Autorität (Vorgesetzte, Lehrer, Wissenschaftler, Ärzte, Politiker, Wirtschaftsführer, Polizisten, Institutionen) in ihrem Willen lenken und in ihren Entscheidungen beeinflussen.

Die Macht der Autorität wirkt bereits bei der »Berufung« auf die Autorität (»Auch Herr XY ist der Meinung, dass ...«). Profis nutzen diesen psychologischen »Reflex«, wo immer sie können.

1.4 Selbstbewusstsein und Erfolgsorientierung

Die Waffen der Einflussnahme und ihre Anwendungsmöglichkeiten zu kennen und ihren Einsatz bei Gesprächsgegnern rechtzeitig zu spüren, um ihnen nicht willenlos ausgeliefert zu sein, ist das eine. Das andere ist, diese scharfen und wirkungsvollen Waffen – im Rahmen moralischer und ethischer Grenzen – zu benützen, um seine Ziele zu erreichen. Dazu benötigen wir Selbstbewusstsein: nicht ein aufgesetzt-künstlich-trainiertes, sondern ein »gesundes« und natürliches Be-wusst-Sein um den Wert der eigenen Persönlichkeit, ihrer Anlagen, Fähigkeiten und Entwicklungsmöglichkeiten. Was wir oft nicht wissen: Wir können die Waffen der Einflussnahme in unseren Händen nicht nur bei anderen einsetzen; sie wirken auch bei uns selbst!

»Wer nicht an sich selbst glaubt, dem wird nicht geglaubt.« Diese Erkenntnis gehört zu den Kernüberzeugungen und zum Erfahrungsschatz erfolgsorientierter Menschen. Viele fragen sich oft: »Warum hat ausgerechnet Kollege X oder Kollegin Y so viel Erfolg im Unternehmen? Warum nicht ich auch? Was macht er, was macht sie anders als ich?« Nehmen wir zugunsten des Fragestellers – nennen wir ihn Müller – an, dass er ebenso fleißig und fachlich ähnlich qualifiziert ist, dass er sich also kein Defizit an Produktivität und Effizienz vorhalten lassen muss – was macht den Unterschied aus? Warum kommt Müller, wenn es um die Leitung eines neuen Projektteams oder um eine Gehaltserhöhung geht, nie in die engere Wahl?

Zugegeben, dafür kann es tausend und einen Grund geben: Intrigen im Kollegenkreis, dem Chef passt Müllers Nase nicht, Müller ist einfach nicht so beliebt, Müller ist schüchtern und zurückhaltend und erweckt den Eindruck, mit allem zufrieden zu sein und so weiter und so weiter.

Viele dieser Gründe für die mangelnde Achtung im Kollegenkreis und bei den Chefs lassen sich jedoch auf eine gemeinsame Ursache zurückführen. Bleiben wir beim Fall Müller: Er hat zu wenig Respekt vor seiner eigenen Leistung, er traut sich zu wenig zu, er glaubt nicht richtig an das, was er tut – und vermittelt dies unbewusst nach außen. Weil die Erfolgserlebnisse ausbleiben und ihm niemals auf die Schulter geklopft wird, tut er dies auch selbst nicht.

Müller ahnt: Er ist Mittelmaß, er ist das typische Rädchen im großen Uhrwerk des Unternehmens, ohne das die großen Räder sich nicht drehen würden; die großen Räder ziehen jedoch die Aufmerksamkeit auf sich, sie glänzen und drehen geschmeidig ihre Kreise. Müller ist da – aber das war's.

Autogenes Training

Wer schon einmal autogenes Training gemacht hat, weiß um die verblüffend heilsame Wirkung der Auto-Suggestion, der »Selbst-Überzeugung«. Es gibt Berichte von Menschen, die autogenes Training richtiggehend als Wunderdroge preisen. Dabei geht es keinesfalls um Wunder oder bewusstseinsverändernde Drogen, sondern einzig und allein um die Herstellung einer entspannten Situation, die uns Ruhe und Kraft gibt und in der wir in die Lage versetzt werden, Ängste abzubauen und unsere stress- und/oder unsicherheitsbedingte Nervosität zu mildern sowie die Konzentrationsfähigkeit zu steigern.

Die Anwendungsbereiche des autogenen Trainings reichen weit. Es ist geeignet für Menschen, die persönliche Ängste abbauen wollen, zur

Bekämpfung von Lampenfieber vor öffentlichen Auftritten, bei Problemen in der Partnerschaft etc. Wer sich ernsthaft damit auseinander setzen will – und dazu ist in jedem Fall zu raten –, sollte aber zunächst den Rat eines Praktikers einholen und einen Einführungskurs absolvieren: Die Techniken des autogenen Trainings sollten Sie nicht alleine mit Hilfe eines Lehrbuchs erlernen!

In gewisser Weise gehen alle Menschen bereits unbewusst autosuggestiv an Herausforderungen heran, der eine mehr, der andere weniger. Positive und selbst aufmunternde Aussagen wie »Das packe ich schon« oder negative Gefühle und Ängste minimierende Sätze wie »Mehr als den Kopf herunterreißen kann man mir nicht ...« sind in gewisser Weise auto-suggestiv. Denkmuster dieser Art können jedoch kultiviert und systematisiert werden; ihre Stärke entfalten sie erst durch ständige Wiederholung.

Dies zeigen Beispiele erfolgsorientierter Menschen, die Ängste oder auch lediglich ein mulmiges Gefühl vor einer Herausforderung keineswegs verdrängen, sondern diese akzeptieren und »gesund« damit umgehen. Das heißt: Bange Gefühle blockieren diese Menschen nicht, lassen sie nicht paralysiert wie das Kaninchen vor der Schlange zittern, sondern geben ihnen sogar neue Kraft. Sie wissen um das Risiko der Herausforderung, sie beurteilen die Chancen jedoch als realistisch und nehmen die Herausforderung deshalb an.

Autogenes Training kann Menschen in die Lage versetzen, sich ihrer eigenen Stärken und Fähigkeiten bewusster zu werden und ihr Potenzial an negativen Gefühlen – ein Päckchen, das jeder von uns mit sich herum trägt – besser zu kontrollieren. Dabei geht es vorwiegend um die Überzeugung »In der Ruhe liegt die Kraft« – eine Einstellung, die die Besinnung auf die eigenen Fähigkeiten und Leistungen erst ermöglicht. Wenn es nach intensivem Training geschafft ist, sogar inmitten der

Alltagshektik Ruhepole zu finden und sich jeweils nur fünf Minuten in eine Ruhelage zu versetzen, werden ungeahnte Kräfte frei.

O.k., niemand kann Ihnen ernsthaft böse sein, wenn Sie jetzt denken: »Das ist mir zu simpel, so einfach kann es doch nicht sein, Selbstbewusstsein aufzubauen ...« Sie haben Recht! Es ist alles andere als einfach, ein natürliches und starkes Selbstbewusstsein aufzubauen.

Ebenso richtig ist aber auch, dass Sie ohne diese persönliche Stärke Ihr mentales Fitnessprogramm nicht erfolgreich absolvieren werden. Sie können exzellent vorbereitet sein und fachlich jeden in die Tasche stecken, Sie können um die Waffen der Einflussnahme wissen, rhetorisch geschult sein und Gesprächssituationen richtig analysieren. Wenn Sie jedoch nicht die mentale Stärke besitzen, wirklich überzeugt davon zu sein, was Sie vertreten und wofür Sie mit Ihrer Person stehen, hilft Ihnen dieser gesamte Werkzeugkasten nichts.

Trainieren Sie Ihr Selbstbewusstsein!

Ob mit oder ohne autogenes Training: Versuchen Sie, stets ruhig und selbstbewusst an Ihre Aufgabe heranzugehen. Prüfen Sie Ihre »Selbstkommunikation« (Wie reden Sie mit sich selbst?) und trainieren Sie positives Denken.

1. Prüfen Sie die vor Ihnen liegende Aufgabe und/oder Herausforderung möglichst rational und zerlegen Sie sie in einzelne Bestandteile (zum Beispiel Arbeitsschritte).
2. Memorieren Sie, vor wie vielen vergleichbaren Situationen Sie bereits standen, die Sie erfolgreich meisterten.
3. Rekapitulieren Sie Ihre Qualifikationen und persönlichen Fähigkeiten, die Sie noch immer einen Schritt voran gebracht haben.

4. Machen Sie sich klar, dass Sie bestens vorbereitet sind, Ihr Fach beherrschen und nichts dem Zufall überlassen haben.
5. Ziehen Sie einen positiven Vergleich beispielsweise zu Ihren Mitkonkurrenten und gestehen Sie sich die Aussage zu: »Das kann ich auch!«
6. Resümieren Sie: »Mir kann nichts passieren! Das packe ich!«

1.5 Zusammenfassung

Stresssituationen sind Augenblicke, in denen Menschen Grenzerfahrungen machen: Sowohl körperlich als auch geistig und seelisch laufen alle Systeme auf höchsten Touren.

Der Körper schüttet das Hormon Adrenalin in Mengen aus und mobilisiert entwicklungsgeschichtlich bedingte Kräfte. Wären wir Neandertaler, würde uns die kräftige Dosis Adrenalin, die ins Blut schießt, sofort »Hals über Kopf« fliehen lassen – den Säbelzahntiger oder das Mammut dicht auf den Fersen. Wir »modernen« Menschen hingegen sind dazu verurteilt, dem Säbelzahntiger im Nadelstreifenanzug mit Argumenten und Strategien in klimatisierten Konferenzräumen zu trotzen. Fliehen zwecklos.

Wir suchen aber auch den Kick der Glückshormone. Und weil wir heute nicht mehr von einem Baum zum anderen springen und an

Lianen Purzelbäume schlagen können, holen wir uns den »Schuss« in der Chefetage unserer Bürosilos. Da klatschen wir den verhassten Säbelzahntiger an die Wand und verpassen dem Mammut einen Tritt, den es nie mehr vergisst.

Mentale Fitness ist die Voraussetzung – sowohl für die Fluchtreaktion (Abwehrstrategie) als auch die Attacke (Angriffsstrategie) –, um mit unseren Gegnern in schwierigen Verhandlungs- und Gesprächssituationen fertig zu werden. Dazu müssen wir uns zunächst fachlich exzellent präparieren. Nachlässigkeiten bei der fachlichen Vorbereitung dürfen wir uns nicht durchgehen lassen.

Um den Schauplatz der Auseinandersetzung als Sieger zu verlassen, definieren wir vorab unsere Ziele. Was wollen wir denn wirklich genau erreichen? Keine Antwort auf diese Frage heißt sich treiben lassen – mit ungewissem Ausgang. Ferner legen wir unsere Strategien fest, die uns helfen sollen, die anvisierten Ziele zu erreichen, sortieren unsere einzelnen Argumente und bringen sie in eine logische und systematische Reihenfolge.

Erwartet uns eine große Herausforderung – ein äußerst versierter rhetorischer Gegner oder eine außergewöhnlich komplexe Verhandlungssituation –, trainieren wir Argumente, Strategien und Gesprächstechniken in einem Rollenspiel. Hier zu beobachtende Defizite können in einem Teletraining erfolgreich abgebaut werden. Flößt uns der Gegner mehr als den üblichen Respekt ein, analysieren wir vorab seine Stärken und Schwächen und versetzen uns in seine Lage.

Bei der Stärkung unserer mentalen Fitness rekapitulieren wir grundsätzliche psychologische »Mechanismen« in menschlichen Verhaltens- und Handlungsmustern. Wir wissen, dass die Prinzipien der Reziprozität (Geben und Nehmen), der Konsistenz und des Commitments (Beständigkeit und Bekenntnis), der sozialen Bewährtheit (Nachahmung), der Sympathie und der Autorität bedeutende Motive in der menschlichen Interaktion und Kommunikation sind. Wir versuchen, diese Motive in unsere rhetorischen Abwehr- und Angriffsstrategien einzubauen, sie in den Strategien unserer Gegner jeweils zu identifizieren und für uns selbst nutzbar zu machen.

Wir gehen unbedingt erfolgs- und ergebnisorientiert in Verhandlungs- und Gesprächssituationen. Wir trainieren unser Selbst-Bewusstsein und verinnerlichen Motivation und Leistungsbereitschaft.

IV. Manipulative rhetorische Strategien

Was erwartet Sie in diesem Abschnitt?

- die Integration der bislang dargestellten rhetorischen Elemente – Frage- und Gesprächstechniken, Körpersprache, Mimik und Gestik sowie das Wissen um psychologische Motive – in eine Gesamtstrategie und
- das Training rhetorischer Intelligenz in typischen Gesprächs- und Verhandlungssituationen durch die Demonstration unterschiedlicher Abwehr- und/oder Angriffsszenarien.

1. Die Strategie der katastrophalen Folge oder der folgenden Katastrophe

Bei dieser rhetorischen Strategie wird der Gesprächspartner unter erheblichen emotionalen Druck gesetzt. Dies geschieht dadurch, dass ihm die Folge einer Zuwiderhandlung bzw. die Nichtbefolgung einer mit Nachdruck vorgetragenen Empfehlung in den schlimmsten Farben ausgemalt wird.

Eröffnung:
Markus Hübner wird zum Chef gerufen. Hübner hat vor zwei Wochen eine neue Stelle in der EDV-Abteilung bei der Wörner GmbH & Co. KG angetreten und ist mit seinem neuen Posten eigentlich sehr zufrieden. Die Arbeitsbedingungen sind o.k. und das Gehalt lässt sich sehen. Einzig die Regelung der anlaufenden Überstunden, besser: deren Nicht-Regelung, ließ ihn nachdenklich werden. Deshalb sprach er mit den neuen Kollegen in der Abteilung und wunderte sich sofort

über deren seltsame Reaktion. Keiner der anderen Mitarbeiter schien etwas daran auszusetzen zu haben, dass man bei Wörner trotz einer tariflich geregelten Wochenarbeitszeit von 37 Stunden weit mehr als 40 Stunden, oft sogar mehr als 45 Stunden, in der Firma saß und nur ungern nach Hause ging. Seine Frage: »Wie macht der Chef hier das eigentlich mit den Überstunden? Werden die ausbezahlt oder gibt es Zeitkonten oder Prämien oder verfallen die irgendwie?« blieb schlichtweg unbeantwortet. Hübner merkte, dass ihn die anderen sogar scheel und reichlich verunsichert ansahen. Und heute ging's zum Chef, der eben erst aus dem Urlaub zurückgekehrt war. Hübner hatte ein komisches Gefühl. Zu Recht, wie sich herausstellen sollte.

Wörner: »Ach, guten Tag, da ist ja unser neuer EDV-Mann, der Herr Hübner. Unser Personalchef hat mich schon kurz telefonisch in meinem Urlaub unterrichtet, dass er sich für Sie entschieden hat. Ihre Zeugnisse sind ja auch ganz ordentlich. Alles in Ordnung? Ich denke, es dürfte Ihnen gefallen in unserem Unternehmen. Sie wissen ja, wir sind Marktführer in der Branche, zahlen gute Gehälter und haben volle Auftragsbücher!«

Hübner: »Ja, selbstverständlich, danke. Ich freue mich auch sehr über die neue Aufgabe und bin froh, an Bord zu sein!«

Wörner: »Gut. Bei mir ist aber keineswegs alles in Ordnung!«

Hübner: »Wie meinen Sie das? Stimmt irgendetwas nicht?«

Wörner: »Den Eindruck habe ich, ja! Wissen Sie, Herr Hübner, ich kann zwei Dinge nicht leiden: Betriebsräte und Gewerkschaftsfunktionäre. Ansonsten bin ich, denke ich, ein ziemlich verträglicher Mensch. Und Sie fangen gerade erst hier an. Sie freuen sich, wie Sie sagen, über Ihre neue Aufgabe – und haben doch nichts Besseres zu tun, als Ihre Kollegen aufzuhetzen! Was soll ich, meinen Sie, davon halten?«

Hübner: »Aber Herr Wörner, ich habe doch nur gefragt wegen der Überstunden, weil das in meiner letzten Firma so geregelt worden ist, dass ...«

Wörner: »Sie sind nicht mehr bei Ihrer letzten Firma, Herr Hübner! Sie sind jetzt bei der Wörner GmbH & Co. KG, bei einem Unternehmen, das stolz auf die Produktivität seiner Mitarbeiter ist, das gerade wegen seines ausgezeichneten Humankapitals so ziemlich alle konjunkturellen Dellen und Talfahrten gut überstanden hat – anders als einige Konkurrenten. Und wissen Sie, warum? Weil hier niemand, aber auch wirklich niemand, kein Bote, keine Sekretärin, kein einfacher Arbeiter in der Produktion, niemand im Vertrieb und in der Werbeabteilung und auch (betont) nicht in der EDV-Abteilung, ständig auf die Uhr guckt! Wissen Sie, Hübner, hier ist man froh, einen gut bezahlten Arbeitsplatz zu haben. Und wir haben zwar keine Pizzaconnections wie weiland bei den Internetfirmen und es muss daher niemand sein Feldbett im Büro aufschlagen, aber wir erwarten hier doch, dass mit vollem Einsatz gearbeitet wird! Das will hier jeder Mitarbeiter, das ist die Philosophie des Teams!«

Mittelspiel:

Hübner: »Gut, das ist mir klar, Herr Wörner, ich wollte doch auch gar keine Unruhe ins Haus bringen. Das liegt mir wirklich fern, ich denke aber doch, dass ich ein Recht habe, zu erfahren, wie das mit den anfallenden Überstunden bei einer tariflich geregelten Wochenarbeitszeit von 37 Stunden geregelt ...«

Wörner: »Herr Kollege, ich versuche Ihnen jetzt noch einmal deutlich zu machen, was Sie da sagen. Wissen Sie, welche Folgen es haben würde, wenn in unserem Unternehmen ständig die Arbeitszeiten in Frage gestellt würden? Die Motivation wäre weg, wie weggeblasen, sage ich Ihnen! Es würde nur noch Dienst nach Vorschrift gemacht werden, nicht mehr und nicht weniger. Jeder würde permanent auf die Uhr sehen und sich fragen, ob es sich denn überhaupt noch lohne, dieses und jenes in Angriff zu nehmen, oder ob es nicht besser wäre, es gleich auf morgen zu verschieben. Wir würden eine Behörde werden, Herr Hübner, ohne Motivation, ohne Engagement und Leistungsbereitschaft und ohne Kreativität. Wir würden weniger umsetzen, weniger verdienen – und geringere Gehälter zahlen können. Alles in allem: Wir hätten weniger Jobs und bald überhaupt keine mehr – und auch Sie würden hier wohl kaum eine Stelle kriegen!«

Endspiel:
Hübner steht kurz vor dem Schachmatt. Der Chef hat die Strategie der katastrophalen Folge oder der folgenden Katastrophe auch perfekt gespielt. Zunächst verblüffte Wörner seinen neuen Angestellten mit einer These, der dieser unbedingt zustimmen musste: Die Wörner GmbH & Co. KG ist ein renommiertes Unternehmen mit vollen Auftragsbüchern und einer marktführenden Position, die Firma zahlt gute Gehälter und bietet krisensichere Jobs. Warum wäre er sonst hier?

Dann schlägt der Chef los: Das alles gibt es nicht umsonst, die gute Situation hat ihre Ursachen. Ursache Nummer eins ist die selbstlose Einstellung aller Mitarbeiter, nicht auf die Überschreitung der tariflich vereinbarten Arbeitszeit zu achten und vor allem nie auf die Idee zu kommen, deshalb einen Betriebsrat zu gründen oder die Gewerkschaft einzuschalten. Würde auch nur einer aus der Belegschaft dies tun, hätte dies katastrophale Folgen. Und da Hübner der Eingangsthese des Chefs ja uneingeschränkt zugestimmt hat, muss er dies doch auch bei der Schilderung der schrecklichen Folgen im Falle der Zuwiderhandlung tun!

Wörner stilisiert die mögliche Zuwiderhandlung Hübners also zu einem Weltuntergangsszenario. Besonders infam wirkt diese Strategie hier auch noch durch den Gruppenzwang, den der Chef positiv zur Teamphilosophie umdeutet.

Wörner: »Sind Ihre Fragen in Sachen Überstunden beantwortet, Herr Hübner, oder muss ich mir noch Sorgen machen?«

Hübner: »Nein, ich denke nicht.«

➔ **Schachmatt.**

Strategieschema:

1. Formulierung der These
2. Gesprächspartner stimmt zu
3. Formulierung der dramatischen Folgen bei Zuwiderhandlung gegen die These
4. Gesprächspartner stimmt erneut zu

2. Die Strategie des Einschmeichelns

Wer bekommt nicht gerne Komplimente? »Sie haben die Verhandlung mit dem Kunden xy ganz hervorragend durchgezogen, sehr professionell, das wollte ich Ihnen schon lange einmal sagen!« Das geht doch 'runter wie Öl, oder etwa nicht? – Tun Sie nicht so, auch Sie fühlen sich in gehobener Stimmung, wenn ein Kollege Ihre Leistungen würdigt ...

Doch Vorsicht! Die Lebenserfahrung und eine dieser merkwürdigen Nervenreaktionen in unserem Nacken sagen uns: Aufgepasst! Will der was von uns, hab' ich irgendwas ausgefressen oder verpasst, verkackeiert uns hier jemand? Irgendwie sind wir uns nicht sicher ...

Und das ist gut so, denn Schmeichler verstehen ihr Handwerk. Sie packen unser Bewusstsein in rosa Baumwolle, um uns kurz danach Stacheldraht fressen zu lassen. Sie wollen etwas von uns und dafür bringen sie uns zunächst in Stimmung oder sie haben vor, uns in die Pfanne zu hauen und wiegen uns dazu in Sicherheit. Allzu blauäugig und selbstverliebt sollten wir also nicht sein.

Den größten Erfolg haben Schmeichler, wenn sie so tun, als dächten sie so wie wir. Dazu adaptieren sie unsere Wertvorstellungen und Normen – um sie flugs zu ihren Zwecken »umzuinterpretieren« und gegen uns in Stellung zu bringen.

Eröffnung:
Oliver ist Single. Vor etlichen Jahren hat er in München-Schwabing eine Zweieinhalb-Zimmer-Wohnung gekauft, viel zu teuer im Grundpreis, mit exorbitant hohen Nebenkosten für Heizung, Wasser und Strom, Hausmeister, Treppenhausreinigung, Aufzug und Müllabfuhr. Nachdem die Zinsen für sein Hypothekendarlehen jetzt auch noch gestiegen sind – er hatte damals zu kurzfristig abgeschlossen, weil er auf noch günstigere Konditionen am Markt spekulierte –, will er sein Domizil unbedingt wieder abstoßen.

Bald melden sich Interessenten. Darunter auch ein Ehepaar Mitte 30. Man wollte aber am Samstagnachmittag »einfach nur mal so vorbeischauen,« wie Dieter Brettlhuber sagt, weil er in der Klenzestraße – »ganz in der Nähe von dem Block hier« – seine Studentenbude bewohnt habe. So richtig interessiert sei man nämlich gar nicht, weil die Wohnung mit gerade einmal 62 Quadratmetern ja doch etwas zu klein für die eigene Lebensplanung sei. Susanne Brettlhuber blickt versonnen aus dem Fenster und nickt.

Single Oliver checkt sofort die Lage. Die Frau hat, psychologisch betrachtet, bereits ein Kind im Bauch und das Ehepaar Brettlhuber ist mental mit dem Thema Nestbau beschäftigt, analysiert er.

Oliver: »Schwabing ist ja immer noch – oder sagen wir jetzt wieder – ein sehr attraktives und äußerst lebenswertes Stadtviertel. Haben Sie 'mal die ‚Münchener Geschichten' im Fernsehen gesehen? Sie wissen schon, der ‚Charlie' – Günter-Maria Halmer, der heute den Kommissar oder Rechtsanwalt da spielt – und seine Oma, die Therese Giese. War super, haben die ja alles hier gefilmt.«

Dieter Brettlhuber lacht: »Ja, stimmt. War echt gut!«

Oliver: »Schwabing ist heute, nachdem dieser bescheuerte Boom rund um die ‚Münchener Freiheit' (ein bekannter Platz im Zentrum Schwabings, Anmerkung des Autors) Gott sei Dank vorbei ist, wieder richtig gut geworden. Es wird nichts mehr kaputt saniert, die Leute werden nicht mehr von irgendwelchen Immobilienhaien aus ihren alten Wohnhäusern vergrätzt; es gibt hier 'ne wirklich gute Mischung von Jungen und Alten, von Singles und Familien. Auch die Kneipen sind nicht mehr so überkandidelt, jede Menge Läden um die Ecke, nicht nur Luxusklamotten und so, Schulen, Kindergärten ... alles da. Sie wissen's ja selbst,« betont Oliver zu Dieter Brettlhuber gewandt.

Mittelspiel:

Frau Brettlhuber wirkt auf einmal sehr interessiert: »Gibt es hier auch einen richtigen Hinterhof? Wissen Sie, so wie früher, wo die Kinder spielen können – mit Teppichstangen und Sandkasten? Ich habe das beim Reinkommen unten nicht sehen können, aber in der Amalienstraße zum Beispiel, da wohnt eine Freundin von mir, da ist das noch so!«

Oliver: »Na klar. Die Häuser sind hier, sehen Sie,« sagt er und zeichnet mit dem Zeigefinger ein Quadrat in die Luft, »so im Karree gebaut.«

Dieter Brettlhuber, ganz aufgeräumt: »Na, und schau mal, so klein wär die Wohnung ja auch gar nicht. Für die ersten zwei bis drei Jahre? Mensch, und ich wäre so nah bei meiner Arbeit, ich könnte direkt zu Fuß gehen ...«

Seine Frau: »Na ja, zwei Stationen mit der U-Bahn vielleicht.«

Er: »O.k., denk doch nur – jetzt wohnen wir voll an der Peripherie, würden genau so viel für eine gute Wohnung zahlen – die wär' vielleicht nur ein bisschen größer – und würden dafür weiter in einer Schlafstadt wohnen, wo du dich mit dem Kind zu Tode langweilen würdest! Und ich fahr jeden Tag eine knappe Stunde zur Firma ...«

Oliver: »Na ja, das hat schon was hier, gerade für Familien. Viel Grün, viele Spielplätze und eine Umgebung, in der Kinder angeregt werden – nicht so wie auf dem Land, wo ich aufgewachsen bin und wo die Gehirnzellen einschlafen.« Oliver lacht und führt die beiden Besucher auf die Loggia: »Südlage, und sehen Sie das Geländer – rund ein Meter zwanzig hoch, kindersicher!«

Endspiel:

Dieter Brettlhuber geht auf der Loggia auf und ab und spricht den Preis mehrmals laut vor sich hin. Jetzt weiß Oliver, dass er die künftige Familie Brettlhuber, die ja eigentlich nur einmal kurz vorbeischauen wollte, aus Nostalgie oder so, ziemlich fest am Haken hat.

Single Oliver hat sich bislang rein gar nicht für Familienplanung, für Kindergärten, schattige Bäume im Sommer oder schneesichere Spielplätze im Winter interessiert. Frauen mit Kinderwägen waren ihm lästig, da sie immer dann, wenn der gehetzte Schwabinger gerade auf Parkplatzsuche irgendwo im Baumgraben war, mit ihren lieben Kleinen die Fußgängerwege blockierten. Spielende Papas erinnerten ihn immer an eine frühere Freundin, von der er sich getrennt hatte, weil die immer wieder vom Kinderkriegen geredet hatte. Im Gespräch mit Brettlhubers aber spielte Oliver den Verständnisvollen, der sich von früh auf mit den Problemen und Bedürfnissen von Kindern und ihren Papas und Mamas auskennt. Seine Lebensphilosophie »Familie ist nichts für mich« über Bord werfend, fühlte er sich flugs in die Familien-»Ideologie« der Brettlhubers hinein und wunderte sich fast schon darüber, wie viel ihm zu diesem Thema einfiel. Kurzum: Oliver hat aus gesprächsstrategischen Gründen das Wertesystem der Interessenten argumentativ übernommen. Gegen die werdende Mutter (sie schien wirklich bereits schwanger zu sein, wenn er sie sich genauer betrachtete) hätte er sonst auch keinerlei Chance gehabt.

➔ **Schachmatt.**

Strategieschema:

1. Der Gesprächspartner hat eine konträre Lebenseinstellung, Auffassung zu einem Verhandlungs- bzw. Streitthema oder Ähnliches. Dies erfahre ich durch genaues Zuhören (!) und sensibles »Hineinfühlen«.
2. Ich stelle meine konträre Einstellung bzw. Auffassung zurück und übernehme sein ganzes Wertesystem (Normen, mora-

lische Prinzipien, Einstellungen) – oder zumindest Teile davon – und sende entsprechende Signale aus.

3. Damit arbeite ich mich vollständig in die andere Denkwelt ein und argumentiere auf ihrer Grundlage so lange weiter, bis ich mein Ziel erreicht habe (zum Beispiel den Verkauf meiner Wohnung).

3. Die Strategie der unbedingten Beharrung

Bei der Gesprächstechnik der »vorgetäuschten Ignoranz« (siehe Kapitel »Frage- und Gesprächstechniken«, Seite 46) haben Sie Personalchef Jochen Strittmacher kennen und schätzen gelernt. Strittmacher war es, der Bereichsleiter Kai Bergmann mit seinem gebetsmühlenhaft vorgetragenen Glaubenssatz »Wir dürfen keinen Präzedenzfall im Unternehmen schaffen!« schier zur Verzweiflung brachte und ihn entnervt die Waffen strecken ließ.

Können Sie mit dieser Gesprächstechnik schon eine tolle Gesellenarbeit abliefern, gelingt Ihnen bei präziser Anwendung der rhetorischen Strategie der unbedingten Beharrung gar ein psychologisches Meisterstück. Dazu gehören aber noch ein paar Tricks mehr als bei der »bloßen« Anwendung der Gesprächstechnik.

Eröffnung:

Dicke Luft im großen Konferenzsaal eines bekannten Herstellers von Softdrinks! Am vorderen Ende des riesigen Konferenztisches diskutieren vier Herren in schwarzen Ledersesseln intensiv miteinander. Vor ihnen auf dem Tisch: Breit ausgerollte, an den Ecken mit Aschenbechern und Trinkgläsern beschwerte Konstruktionsbögen.

Mick Browning, Vice President des Unternehmens und Jeff Burglar, Member of the Staff, Marketing, gehören zum Headquarter New York. Rainer Koller und Sebastian Floßmann sind leitende Mitarbeiter eines großen deutschen Maschinenbauunternehmens, das sich auf den Sondermaschinenbau für die Getränkeindustrie spezialisiert hat. Beide sind oft in der Welt unterwegs.

Aus der vormals kleinen Firmenklitsche in der Provinz ist eine an der Börse gehandelte Aktiengesellschaft mit jährlich steigenden Umsätzen und Beschäftigtenzahlen und mit Niederlassungen in gut 25 Staaten geworden. Das Unternehmen gilt als Ideenschmiede, in der sich Tüftler und Kreative tummeln, die weit über 200 Patente auf entscheidende Aggregate der Sondermaschinen erarbeitet haben.

Die Super-Innovation, die den Absatz des Unternehmens regelrecht explodieren ließ, entstand vor zehn Jahren und wurde Cool Jack getauft.

Floßmann beschreibt Cool Jack so: »Sie nehmen eine Kiste Mineralwasser mit leeren Flaschen – oder was sonst auch immer – und stellen sie auf das Förderband. Cool Jack ‚schluckt' den Kasten, separiert die leeren Flaschen, elektronische Kameras inspizieren sie auf Mikrorisse im Glas (wenn sie welche finden, werden die Flaschen automatisch durch neue ersetzt), die Flaschen laufen durch die Waschanlage und werden keimfrei gemacht, in einem weiteren Schritt werden sie neu befüllt und mit Verschlusskapseln versehen, dann jagen sie im ‚Bauch' von Cool Jack an Etikettiermaschinen vorbei (unter Spitzenlast 800 Etiketten in der Sekunde!) und rattern endlich in einer frisch gereinigten oder neuen Getränkekiste wieder aus Cool Jack heraus.« Hightech vom Feinsten.

Cool Jack ist modular aufgebaut, die einzelnen Komponenten können größen- und auslastungsspezifisch »zugeschnitten« werden – Cool Jack passt in eine 50 Quadratmeter messende Fertigungshalle bis zu den Hallen-Dimensionen eines Fußballfelds. Je nach Kundenwunsch wird in Deutschland geplant, gefertigt und in alle Welt ausgeliefert.

Koller und Floßmann haben allen Grund, selbstbewusst aufzutreten. Man kennt das US-amerikanische Geschäft, beide wissen, wie äußerlich locker, in der Sache jedoch knallhart, verhandelt wird. An Floßmanns »Silberbüchse« befinden sich schon einige Kerben aus dem »Land der unbegrenzten Möglichkeiten«: Vertragsabschlüsse mit jeweils guter Provision.

Browning und Burglar haben die Deutschen gebeten, im Headquarter New York die neue Generation von Cool Jack – den in entscheidenden Teilen modernisierten und mit Hilfe neuer Oberflächentechniken und Werkstoffen verbesserten Cool Jack II – vorzustellen. Nach einer überzeugenden Power-Point-Präsentation und weiteren Detail-Erklärungen zum Thema Etikettierung anhand der Konstruktionspläne hakt Browning aber nach: »Wie ich sehe, haben Sie es aber auch bei Cool Jack II konstruktionstechnisch nicht geschafft, die gleichzeitige Etikettierung verschiedener Produkte – zum Beispiel von Flaschen und Dosen – in einem einzigen Arbeitsgang zu realisieren.«

Floßmann: »Das ist richtig. Es scheint uns jedoch beim durchschnittlichen Volumen Ihrer täglichen Abfüllleistung zweckmäßig zu sein. Sehen Sie, bei mehreren Etikettier-Linien ist das Risiko einer Störung der Produktion um etwa den Faktor 10 geringer. Die Vermeidung der Kosten für Ausfallzeiten war für uns absolut primär. Das verlangt ja auch der Markt.«

Browning: »Das ist gut so. Nur, Sie müssen verstehen – wir achten gegenwärtig auch sehr viel mehr auf die Kosten als vielleicht noch in früheren Jahren. Und mehrere Etikettiermodule kosten erheblich mehr, wie ich Ihren Ausführungen, Sebastian und Rainer, vorher entnommen habe. Es geht um Mehrkosten bei der Anschaffung, bei Wartung und Pflege, Montage und so weiter ...«

Mittelspiel:

Koller: »O.k., Mick. Das ist richtig. Sie wissen jedoch, dass bei unserem System, mit dem wir immerhin Weltmarktführer geworden sind, die Etikettiervorrichtung nach der Fehlerstatistik für gut 85 Prozent aller Ausfallzeiten verantwortlich ist. Rein technisch gesehen dürfte Sie nach unserem Ermessen kaum noch verbesserungsfähig sein. Der Leistungsstandard ist klasse, Sie wissen das. Deshalb können wir Qualitätssteigerungen lediglich nur noch durch die weitere Reduzierung von Ausfallzeiten erreichen, das heißt also durch die Aufteilung des Ausfallrisikos auf mehrere Linien, damit eine oder mehrere ungestört weiterarbeiten, während ein Abfüllvorgang möglicherweise unterbrochen werden muss. Und genau das haben wir bei Cool Jack II realisiert.«

Burglar: »Das mag sein, meine Herren. Wir wollen Sie nicht kritisieren, auch wenn Sie ausweichen. Immerhin stehen Cool Jacks bereits in unseren Werken in Atlanta, Tampa, Denver und Phoenix. Nur haben wir natürlich schon erwartet, dass Sie uns mit Version II wesentlich bei unserer Zielvorgabe unterstützen, Kosten zu minimieren. Das ist mit dieser Etikettiertechnologie jedoch nicht möglich.«

Floßmann: »Jeff, rechnen Sie doch einmal die potenzielle Einsparung durch Vermeidung unnötiger Ausfallzeiten dagegen und Sie haben deutlich mehr als die Kompensation der Mehrkosten!«

Browning: »Nein. Wir sind Kaufleute und reden im Indikativ, nicht im Konjunktiv. Mehrere Etikettiermodule kosten auch mehr, das sehen wir doch am Gesamtpreis!«

Koller, entschlossen einlenkend: »O.k., lassen Sie uns noch über zweieinhalb Prozent sprechen ...«

Endspiel:

Browning: »Sorry, Rainer! Es geht nicht um zweieinhalb oder drei Prozent Rabatt. Es geht um ein grundsätzliches Defizit in der Etikettierung von Cool Jack II. Mehrere Etikettierlinien sind einfach indiskutabel!«

Floßmann sucht erstaunt Kollers Blick und sagt zu Burglar: »Ich verstehe dieses Gespräch nicht so ganz, muss ich zugeben ...«

Kein Wunder. Jetzt aber kommt bei den Deutschen ein Verdacht auf: Das Beharren der Amerikaner auf der verflixten Etikettiertechnologie könnte darauf hindeuten, dass ein Kampfangebot von Webster Technologies Inc. vorliegt, der Hauptkonkurrent, der bei World Softdrink bislang jedoch nicht zum Zuge gekommen war. Also gut, der Vorstand hatte in der Vorbesprechung der USA-Reise aufgrund der Bedeutung des Geschäfts großen Verhandlungsspielraum gewährt.

Koller: »Drei Prozent, Mick! Und das bei stark verbesserter Abfülltechnik und einem Steuerungsaggregat, dessen Fehlerdiagnosefähigkeit seinesgleichen sucht ...«

Browning: »Nochmals, sorry! Aber ich denke, wir kommen, was das Etikettiermodul betrifft, einfach nicht zusammen.«

Die Amerikaner strapazieren die bisher gute Partnerschaft mit ihren deutschen Geschäftsfreunden mittlerweile erheblich. Immer mehr wird klar, dass sie auf der Etikettiertechnik »herumreiten«, um den gesamten Abschluss zu kippen. Sie gestatten den Deutschen auch im weiteren Verlauf der Verhandlungen nicht, die Vorzüge der modernisierten Version ins Feld zu führen. Das Beharren auf den »Defiziten« der Etikettierung wird zum »Totschlagsargument«, da es gnadenlos die (hochstilisierte) Schwachstelle der Anlage bloßlegt. Darin liegt die Kunst der Beharrungsstrategie: Gegenargumente ignorieren und immer wieder kräftig den Finger auf die Wunde legen!

Gleichwohl gab es bald einen neuen Vertragsabschluss mit World Softdrink zu feiern. Den Schampus trank man allerdings bei Webster.

➔ Schachmatt.

Strategieschema:

1. Sie stellen dem Gesprächsgegner eine unangenehme Frage oder stellen eine konträre Behauptung auf.
2. Der Gesprächsgegner argumentiert dagegen und weicht aus.
3. Sie machen darauf aufmerksam, dass er ausweicht und wiederholen kontinuierlich ihre Frage bzw. die konträre Behauptung.

4. Die »Dreh-den-Spieß-um«-Strategie

Dies ist eine hervorragende und höchst wirksame rhetorische Abwehrstrategie gegen penetrante Kritikaster und schlimme Nörgler – und gegen Zeitgenossen, die sich selbst ein bisschen auf Rhetorik verstehen und ihre Kritik an Ihnen nicht explizit aussprechen, sondern klug und unauffällig in »Sachargumente« verpacken.

Eröffnung:

Betriebsratsversammlung. Die Mitglieder sind vor einer Woche neu gewählt worden. Jetzt findet die konstituierende Sitzung statt. Georg Reichhardt hat die meisten Stimmen der Mitarbeiter erhalten, Linda Segmüller hatte sich zum ersten Mal zur Wahl gestellt und war knapp auf dem zweiten Platz in der Beliebtheitsskala gelandet. Reichhardt soll zum 1. Vorsitzenden gewählt und Segmüller zu seiner Stellvertreterin bestimmt werden. Die Dame ist erst vor rund eineinhalb Jahren in die Firma eingetreten und aus der neu geschaffenen Online-Abteilung in das Mitbestimmungsgremium geschickt worden.

Linda Segmüller ist eine fachlich hoch qualifizierte Mitarbeiterin, die jedoch eines nicht leiden kann: Die Zweite zu sein. »Ganz oder gar nicht«, lautet ihre Lebenseinstellung und »halbe Sachen mach' ich nicht«. Sie wollte es sich nicht anmerken lassen, insgeheim aber war sie der Meinung, dass sie im Zuge der Neustruktierung des Unternehmens schon wesentlich mehr für ihre Kollegen geleistet hatte als Reichhardt, der »alte Mann« aus dem Vertrieb, der sich – immer höflich und korrekt – in ihren Augen einfach zu gut mit der Chefetage verstand und den sie noch nie im Clinch mit der Geschäftsleitung gesehen hatte.

»Einer, der sich auf der ganzen Linie arrangiert,« dachte sie schon, als sie ihn vor eineinhalb Jahren kennen lernte. Nur: Er wirkte sehr sympathisch, sehr menschlich und war sehr beliebt. Segmüller konnte ihn nicht leiden und hatte daraus nie einen Hehl gemacht.

Die Bestimmung von Reichhardt zum Vorsitzenden und Segmüller zu seiner ersten Stellvertreterin war reine Formsache. Reichhardt bedankte sich und wechselte zu Tagesordnungspunkt 2 »Themenschwerpunkte des Betriebsrats im neuen Wahljahr« über. Als Erstes stand die Teilnahme an einem Weiterbildungsseminar für Betriebsräte auf dem Programm. Reichhardt flachste: »Ich denke, das ist eine gute Gelegenheit für unsere Neuen zum Paragraphenpauken ...«

Damit hatte er, ohne es zu ahnen, seiner Stellvertreterin den Tag verdorben.

Segmüller, müde lächelnd: »Ich weiß nicht, ob wir es beim (gedehnt) Paragraphenpauken belassen sollten?«

Reichhardt überrascht: »Nein, Frau Kollegin, natürlich nicht. Ich meinte ja auch nur, dies sei eine gute Grundlage, um sich in die Materie einzuarbeiten.«

Irgendwo im Raum unterdrückte jemand ein Lachen, das Neumitglied Dirk Stiller grinste.

Segmüller: »Nein, ich meine damit, und das will ich gleich zu Anfang sagen, dass wir wohl unsere grundsätzliche Einstellung zu unserer Arbeit überprüfen sollten. Dabei lautet die Kernfrage: Wollen wir künftig einen Schmusekurs mit der Chefetage führen oder wollen wir auf Distanz bleiben, um die Mitarbeiterinteressen effizient vertreten zu können.« »Effizienz«: ein Lieblingswort der Segmüller ...

Mittelspiel:

Reichhardt, behutsam lächelnd, ruhig und sachlich: »Nun, ich denke schon, Frau Segmüller, dass wir auch in den vergangenen Jahren – als Sie noch nicht in diesem Kreis waren – die Interessen unser Kolleginnen und Kollegen effizient gegenüber der Geschäftsleitung vertreten konnten.«

Segmüller lässt sich zu einem spitzen »Tja!« hinreißen.

Der Vorsitzende setzt seine Ausführungen fort und empfiehlt, interessierte Betriebsratsmitglieder unter anderem zu einem Weiterbildungsseminar zum Thema »Mitspracherecht des Betriebsrats bei Neueinstellungen« zu schicken.

Da meldet sich schon wieder Linda Segmüller zu Wort: »Eigentlich müsste es ja Mitentscheidungsrecht heißen. Denn bisher hat der Betriebsrat, meinen Informationen zufolge, Neueinstellungen ja immer nur beigepflichtet ...«

Reichhardt: »Gut, man hat sich aber auch sehr genau angesehen, wen die Geschäftsleitung im Einzelfall ausgesucht hat.«

Segmüller: »Und dann hat man (spitz und sehr betont) seinen Segen gegeben ... (kurze Pause, dann muss es einfach raus!) ... urbi et orbi!« Jetzt ist der Punkt erreicht, an dem Reichhardt erkennt, dass diese Frau nicht mehr mit sachlichen Argumenten und väterlichem Wohlwollen ruhig zu stellen ist.

Endspiel:

Reichhardt, trotzdem noch zurückhaltend: »Ich würde gerne von Ihnen wissen, Frau Kollegin, was Sie noch an mir kritisieren, denn Ihre Bemerkungen zielen ja auf meine Arbeit?«

Segmüller: »Ich habe lediglich darauf aufmerksam gemacht, dass es meiner Meinung nach Mitentscheidungsrecht heißen müsste ...«

Reichhardt: »Darüber kann man ja diskutieren.«

Segmüller halblaut: »Kaum spürt er Gegenwehr, schon knickt er ein ...«

O.k., jetzt stehen die Autorität des Vorsitzenden und der Respekt vor seiner Arbeit endgültig auf dem Spiel.

Reichhardt: »Sagen Sie mir doch bitte endgültig, was Sie so alles an mir kritisieren, vielleicht hilft uns das?!«

Segmüller überlegt kurz, dann macht sie eine abwehrende Handbewegung. Sie hat den Blick auf einen imaginären Fleck an der Decke gerichtet.

Reichhardt legt nach: »Ich habe das Gefühl, dass Sie mit manchen Dingen hier Ihre Schwierigkeiten haben. Wahrscheinlich bin ich der

Grund. Deshalb bitte ich Sie, auch in Zukunft mit Ihrer Kritik nicht hinter dem Berg zu halten, Frau Kollegin. Sagen sie ruhig immer, was Sie stört!«

Damit hat der Betriebsratsvorsitzende seiner Stellvertreterin den Wind aus den Segeln genommen. Er zeigt »Kreuz«.

Diese rhetorische Strategie ist feinste Maßarbeit, wenn sie richtig angewendet wird: Mit ihr bringen Sie selbst hartnäckige Kritiker, Nörgler oder Störer zur Räson, denn sie basiert auf einer psychologischen Taktik. Der Hintergrund: gruppenspezifische Verhaltensmuster. Nichts ist leichter, als aus einer Gruppe heraus einen Vortragenden aus dem Konzept zu bringen – kleine halblaute Bemerkungen am Rande, unfaire Kommentare, überspitzte Wiederholungen und das »Aus-dem-Zusammenhang-Reißen« seiner Äußerungen – kann selbst Routiniers verunsichern. Mittelfristig wird damit seine Autorität untergraben und manch einer, der da vorne steht, fühlt sich einem Rudel heulender Wölfe ausgeliefert.

Deshalb: Drehen sie den Spieß um! Greifen Sie sich den Hauptkritiker – oder den einzelnen Kritikaster – heraus. Bleiben Sie sachlich und fair, auch wenn er sich alles andere als fair verhält und bringen Sie die Sache auf den Punkt. »Was stört Sie genau?«, »Bitte formulieren sie doch Ihre Kritik so, dass wir all etwas davon haben!« oder »Was kritisieren Sie an mir?« sind Fragen, die darauf abzielen, den Kritiker aus dem Schutz der Gruppe herauszulösen. Jetzt muss er Farbe bekennen!

Wenn nicht, verliert seine Kritik selbst sehr rasch an Wirkung und sein Prestige in der Gruppe leidet. Und dann setzen Sie noch eins oben drauf: Fordern Sie den Kritiker auf, auch künftig immer sofort zu sagen, wenn etwas nicht passt, oder wenn etwas stört ...«

In Wirklichkeit wollen Sie das genaue Gegenteil: Sie wollen die Kritik oder die unqualifizierten Bemerkungen stoppen.

Und genau das erreichen Sie mit dieser Strategie, wie der Fall Segmüller zeigt, denn Reichhardt konnte Segmüller ausbremsen, weil sie die totale Konfrontation nicht riskieren wollte. Dazu war sie sich der Mehrheitsmeinung im Gremium nicht sicher genug, dazu war ihr zu bewusst, dass sie mit der Kritik an der Betriebsratsarbeit der vergangenen Jahre auch noch heute aktive Mitglieder vor den Kopf stoßen würde, die die Arbeit ja mitgestaltet und den Kurs gegenüber der Geschäftsleitung mitgetragen hatten. Und so stark fühlte sie sich noch nicht, sie wollte ja nur ein bisschen am Image von Reichhardt kratzen ...

Über eines müssen Sie sich bei dieser Abwehrstrategie jedoch bewusst sein: Wenn Sie Kritiker dazu auffordern, ihre Kritik zu formulieren, müssen Sie sich im Falle eines Falles auch damit inhaltlich kompetent auseinander setzen. Ansonsten leidet Ihr eigenes Ansehen in der Gruppe!

In einem solchen Fall ist es sogar ratsam, die vorgetragene Kritik zu resümieren – und, wenn Sie sich des Wohlwollens der Gruppe sicher sind (aber nur dann!) – kurz zur Diskussion zu stellen und danach »weiter im Text« zu gehen.

Normalerweise jedoch – dies zeigen viele Beobachtungen – zieht die überwiegende Mehrzahl der Zeitgenossen, die im Schutz der Gruppe selbstbewusst und vernehmlich kritisiert, sofort zurück, wenn sie bloßgestellt wird. Frau Segmüller dürfte Herrn Reichhardt jedoch noch länger beschäftigen, denn sie kann es einfach nicht ertragen, in der zweiten Reihe zu sitzen. Und jetzt hat er sie auch noch blamiert. Rache!

➔ **Schachmatt.**

Strategieschema:

1. Sie sind mit einem Kritikaster konfrontiert, der Ihre Ausführungen stört.
2. Versuchen Sie zunächst, sachlich und ruhig Ihre Rede fortzuführen.
3. Wenn er weiterhin stört, fordern Sie ihn dazu auf, seine Kritik genau zu formulieren. Beziehen Sie diese Aufforderung auf Ihre eigene Person.
4. Diskutieren Sie den Punkt fair und kompetent aus oder fordern Sie erneut dazu auf, die Kritik zu konkretisieren.
5. Resümieren Sie die Kritik und stellen Sie sie (nur, wenn Sie sich der Gruppe und Ihrer Position sicher sind!) gegebenenfalls zur Diskussion.
6. Fordern Sie den Kritiker dazu auf, auch in Zukunft seine Kritik zu formulieren.

5. Die »Sich-mit-fremden-Federn-schmücken«-Strategie

»Namen sind Nachrichten.« Dies ist das Brot der Journalisten. Das eigene Blatt, die Rundfunkstation, der Fernsehsender, die Webadresse gewinnt in den Augen der Öffentlichkeit vor allem an Bedeutung und Format, wenn bekannte Politiker, Wissenschaftler und Experten, Literaten und Künstler, Stars und Sternchen Interviews geben oder Gegenstand diverser Berichte, Reportagen und Features sind. Auflagen und

Quoten werden mit Namen gemacht, die in aller Munde sind und schon allein durch ihren Bekanntheitsgrad Autorität versprühen.

Dieses »Autoritätseffekts« bedienen sich täglich auch die ungezählten Redner, Vortragenden, Referenten und Moderatoren, die sich in ihren Skripten auf Arbeitsergebnisse oder Zitate berühmter Zeitgenossen berufen. Sie alle kennen Sätze wie: »Zu Beginn ein Zitat von ...« oder »Zum Abschluss noch ein Zitat zum Thema ...« oder »XY meinte übrigens dazu ...«

Noch immer scheint die Verehrung für reale oder vermeintliche Autoritäten in Deutschland sehr tief verwurzelt zu sein. Die »Expertenmeinung«, »Der Fachmann sagt dazu ...«, »Prof. Dr. Dr. Müllerdings hält dies übrigens für ...« oder »Auch der Kanzler erklärt ...« lässt manche geistig immer noch die Hacken zusammenschlagen und die Hände an die Hosennaht legen. Ganz klar: Das Zitieren von Autoritäten und populären Personen »würzt« nicht nur die eigene Rede, es stützt auch eigene vorgetragene Einsichten und Meinungen und macht sie in gewisser Weise – wenigstens bei relativ unkritischen Zuhörern – »unangreifbar«.

Eröffnung:

Marketingleiter Bernd Geißler hält vor Außendienstmitarbeitern einen Vortrag zum Thema »Moderne Verkaufstaktik«. Nach zehn Minuten kommt er auf das Reziprozitätsprinzip in der Psychologie zu sprechen: »Immer deutlicher wird der Erfolg des Verhaltensmusters ‚Geben und Nehmen'. Der Verkauf ist heute nicht mehr als eindimensionale Aktion aufzufassen, bei der ich als Verkäufer vom Käufer will, dass er mir meine Ware abnimmt, sondern als eine bestimmte Form von Dienstleistung. Das heißt: Ich gebe dem potenziellen Käufer zunächst etwas, bevor er mir meine Ware abnimmt ...«

Mittelspiel:

Außendienstler Müller unterbricht feixend: »Ja, ich gebe Skonto ...«

Geißler: »Danke, Herr Müller! Nein, Sie geben eine Kleinigkeit, ein kleines Präsent, das mit Ihrer Ware, die Sie zu verkaufen trachten, in einem unmittelbaren Zusammenhang steht ...«

Müller unterbricht erneut: »Sag' ich doch. Ich gewähre Rabatt ...«

Geißler: »Nein, Herr Müller. Wenn Sie beispielsweise eine Maschine an den Mann oder die Frau bringen möchten, überreichen Sie zu Beginn der Verhandlung einen Computerchip aus dem Steuerungsmodul im Kunstharzguss, wenn Sie ein Haus verkaufen möchten, schenken Sie eine Kiste Legosteine für die Kinder und so weiter. Verstehen Sie? Wissen Sie, was ich meine? Das ist das Reziprozitätsprinzip auf die Verkaufspsychologie übertragen ...«

Endspiel:

Geißler: »Diese Erkenntnis, die nachzuvollziehen uns eventuell noch etwas schwer fällt, stammt übrigens nicht vor mir, meine Damen und Herren, sondern von Dr. J. J. Russell, dem großen US-amerikanischen Verkaufspsychologen aus Boston, sozusagen dem Guru des Verkaufs.«

Nun ist von Skonto oder Rabatt keine Rede mehr. Bernd Geißler bewegt sich mit seiner These auf einem Fundament aus Granit.

Übrigens: Das Spiel mit der Autoritätsgläubigkeit der Menschen können Sie, falls Sie ein wirklich »finaler« Rhetoriker werden wollen, bis zum Abwinken praktizieren. Falls Sie beispielsweise keine Lust dazu haben (oder, pardon, nicht die allgemein intellektuelle oder fachlich spezifische Kapazität dazu besitzen), komplexe Argumentationsketten aufzubauen, sparen Sie während der Vorbereitung Ihrer Ausführungen viel Zeit, indem Sie nach treffenden Bemerkungen geeigneter Autoritäten suchen. Ein Zitat wie »Auch Goethe meinte ...« kommt auch im postmodernen Deutschland noch sehr gut an und ersetzt oftmals eigenes Nachdenken. Pardon für diesen Zynismus!

➔ Schachmatt.

Strategieschema:

1. Sie vertreten eine unübliche, nicht bewiesene, schwierig nachzuvollziehende oder der vermuteten oder tatsächlichen Mehrheitsmeinung entgegengerichtete Auffassung.
2. Sie zitieren eine in Ihren Fachkreisen oder in der Öffentlichkeit unbestrittene und bekannte Autorität, die genau diese These vertritt bzw. von deren Auffassungen sich diese These ableiten lässt.
3. Diese Autorität führen Sie entweder ganz zu Beginn Ihrer Ausführungen ins Feld oder Sie formulieren zunächst Ihre eigene These und stützen diese erst im Anschluss durch das Zitieren der Autorität.

6. Die Strategie der zwingend logischen Schlussfolgerung

Diese Strategie ist im Geschäftsleben, bei Verkaufsverhandlungen und im Streitgepräch sehr gut anzuwenden und hat sich als sehr probat erwiesen. Hierbei »führt« ein Gesprächspartner den anderen unbemerkt zu seinem Ziel und lässt ihn einer »zwingend-logisch« scheinenden Schlussfolgerung zustimmen.

Eröffnung:

Offene Meinungsverschiedenheiten zwischen Vater und Sohn. Der Filius steht kurz vor seinem 18. Geburtstag und will zusätzlich zum Autoführerschein auch den Motorradführerschein machen. Sein Vater hat in jungen Jahren zwei Freunde durch schwere Motorradunfälle verloren und sieht »rot«, wenn nur das Thema darauf kommt, wie schön Motorradfahren doch sei. Er weiß jedoch, dass er in der kommenden Auseinandersetzung mit Flo, seinem Sohn, nur dann die Chance dazu hat, ihn von seinen Plänen abzubringen oder die Anmeldung bei der Fahrschule wenigstens aufzuschieben, wenn er klug und überlegt vorgeht.

Sohn: »Schau mal, Papa, ich möchte den Motorradschein ja nur machen, damit ich ihn habe, wenn ich mir einmal eine Maschine leisten kann. Ich hab doch sowieso kein Geld dafür im Moment.«

Vater: »Bevor ich zu diesem Thema irgendetwas sage, habe ich noch einige Fragen an dich!«

Sohn (leicht genervt, weil er sich auf einen langen Vortrag über die Risiken des Motorradfahrens im Allgemeinen und den schlimmen und frühen Tod von Vaters Freunden Fritz und Paul einstellt): »O.k., wenn's sein muss ...«

Vater: »Also, du bist doch ein Super-Sportler?«

Sohn: »Was soll denn das jetzt, Papa?«

Vater: »Beantworte mir bitte die Frage – du bist doch ein leidenschaftlicher Sportler, oder!?«

Sohn: »Ja! Das weißt du doch!«

Mittelspiel:

Vater: »Du spielst Tennis, Basketball, du machst Taekwondo, du fährst Ski, Inliners und joggst ...«

Sohn (seufzend): »O.k., stimmt. Was hat das aber ...?«

Vater: »Du investierst eine Menge Zeit und Geld in deinen Sport?«

Sohn: »Ja ...«

Vater: »Du arbeitest daran, immer noch besser zu werden und ziehst eine Masse an Befriedigung daraus?«

Sohn: »Papa! ...«

Vater (sehr ruhig): »Bitte sei so lieb und beantworte mir nur meine Fragen!«

Sohn: »O.k.«

Vater (grinst): »Sport ist auch wichtig wegen der Mädels. Die mögen Sportskanonen wie dich, oder?«

Sohn (amüsiert): »Wenn du meinst ...«

Vater: »Du hast eine ganze Menge Freunde durch den Sport gewonnen. Soviel ich weiß, haben alle deine Kumpels mit deinen Sportvereinen zu tun. Stimmt's?«

Sohn: »Ja, auch meine Schulkumpels sehe ich im Sport.«

Vater: »Du hast immer noch den Plan, nach dem Abi Sport zu studieren?«

Sohn: »Na klar, unbedingt!«

Vater: »Du hängst also erstens mit deinem ganzen Herzen am Sport. Dein Basketball, dein Tennis, dein Joggen ist zweitens dein wichtigster Lebensinhalt. Du willst drittens Sport studieren. Alle deine Freunde haben viertens mit Sport zu tun. Und Sport ist fünftens wichtig für dich wegen der Mädels?«

Endspiel:

Sohn: »Ja, Papa, ist ja gut!«

Vater: »Hast du dir schon mal überlegt, was passieren würde, wenn du dir beim Motorradfahren nur ein Bein schwer verletzen würdest?«

Sohn (zögernd und unwillig): »Nein ...«

Vater: »Es wäre erstens aus mit Basketball, Tennis, Joggen, Skifahren, Taekwondo und dem Skaten. Dazu braucht man, soviel ich weiß, beide Beine. Und soviel ich weiter weiß, gibt es eine bundesweite Unfallstatistik, wonach rund ein Drittel aller Motorradfahrer nach mittelschweren bis schweren Unfällen ein Bein oder gar beide verliert. Zweitens müsstest du dir also einen anderen Lebensinhalt suchen, drittens könntest du dein Sportstudium in den Wind schreiben – oder möchtest du nur Sporttheorie betreiben? Viertens würdest du viele, wenn nicht alle Kumpels verlieren, die mit dir die Freizeit verbringen, und fünftens, das mit den Mädels kannst du dir selber denken!«

Sohn: »Ich sag jetzt am besten gar nichts, doch, Papa: Du bist brutal unfair!«

Vater: »Nein, ich bin nicht unfair. Ich denke nur logisch, also weiter – du möchtest ein gutes Leben führen?«

Sohn: »Ja, natürlich!«

Vater: »Du möchtest fit und gesund bleiben?«

Sohn: »Selbstverständlich ...«

Vater: »Du möchtest nicht irgendwann mit einer Prothese durch die Gegend humpeln oder dich von einem Zivi in einem Rollstuhl herumkutschieren lassen?«

Sohn: »Nein, natürlich nicht ...«

Vater: »Dann kann es doch keine andere Konsequenz geben, als auf den Schein zu verzichten, oder? Also: Ich empfehle dir – ich kann und ich möchte es dir nicht vorschreiben, aber ich empfehle es dir –, auf den Motorradschein zu verzichten. Mit diesem einen Schritt, dem Verzicht auf den Schein, hältst du dir alle Chancen offen. Wenn du den Schein dagegen machst, stellst du alles in Frage, denn wenn du ihn erst hast, kaufst du dir auch irgendwann eine Maschine und fährst.«

O.k., ich möchte Ihnen jetzt nicht weismachen, dass das Thema Motorradfahren bei Flo für immer und ewig erledigt ist. Flo aber ist extrem nachdenklich geworden und konnte sich während des Gesprächs mit seinem Vater der Systematik und der Logik der Fragen kaum entziehen. Er wehrte sich innerlich sogar gegen die »zwingenden« Schlüsse, doch da Flo und sein Vater jedoch eigentlich ein gutes Verhältnis haben und die Kommunikation zwischen beiden nie eingestellt wurde oder auch nur belastet war, konnte er sich gegen Vaters Konsequenz nicht wehren.

Allgemeine Appelle an die »Vernunft«, pathetische Schilderungen der Unfälle seiner Freunde, nachdrückliche Warnungen oder die Drohung von Geld- und Liebesentzug hätten rein gar nichts genützt. Auch die Tatsache, dass »die Mama nicht mehr schlafen kann, wenn du mit dem Motorrad unterwegs bist ...« hätte nichts bewirkt – Flo hätte wahrscheinlich abgewehrt und gemurmelt: »Sie wird sich schon daran gewöhnen ...«. Die logische Schlussfolgerung des Vaters »Dann empfehle ich dir ...« auf der Grundlage der »Erstens-zweitens-drittens-und-so-weiter-Aufzählung« allerdings hat ihre Wirkung nicht verfehlt.

➔ Schachmatt.

Strategieschema:

1. Sie stellen dem Gesprächspartner gezielte Fragen, die er Ihrer Meinung nach klar in Ihrem Sinne beantworten muss.
2. Er stimmt zu.
3. Sie ziehen selbst den »richtigen« und logischen Schluss. Wichtig: den Schluss selbst formulieren!

7. Die Doppelstrategie der totalen Verunsicherung und anschließenden Entblößung

Bei dieser Doppel-Angriffsstrategie lernen Sie, richtig – aber richtig! – gemein zu sein ... Dabei sollen Sie aus dem gesamten Portfolio der Gemeinheiten ungeniert schöpfen. Das heißt: nicht nur die rein rhetorischen Elemente (Frage- und Gesprächstechnik, Dialektik, Deduktion und Induktion) benützen, sondern auch die ganz miesen Ausdrucksformen der Körpersprache und der atmosphärischen Rahmenbedingungen. Also: aufgepasst!

Sie sind Chef einer Abteilung von 14 Mitarbeitern. Vor einem Jahr sind Sie in das Unternehmen eingetreten und können gute Ergebnisse vorweisen. Der Laden läuft, die Beschäftigten sind motiviert, das Klima ist gut. Alles im Lot – bis auf einen Umstand, der Sie maßlos ärgert.

Hugo März, seit acht Jahren bei der Firma, untersetzt, nein: kugelrund, aschblondes schütteres Haar, wasserblaue Augen, teigiges Gesicht, schmierig, glitschig, unangenehm, kurzum: eine Kröte, die sie schlucken mussten, als Sie die Abteilung übernahmen. März: fast unkündbar aus Krankheitsgründen, intrigant, penetrant, link, anbiedernd und devot nach oben, rücksichtslos und skrupellos nach unten. März: ein tägliches Ärgernis, der, intelligent genug, sich keine Abmahnung einzuhandeln und nur auf der Welt zu sein schien, um Ihnen den Spaß am ansonsten perfekten Verlauf der Dinge zu nehmen.

Da kommt eines Tages Ihre Sekretärin ins Büro, schließt vorsichtig die Tür hinter sich und blickt Sie mitleidig an: »Chef, der März will mit Ihnen sprechen. Er hat dringend um einen Termin gebeten.« März, den Sie an den Arbeitsplatz ganz in die hintere rechte Ecke des Großraumbüros gesetzt hatten, hinter eine Betonsäule, damit Sie aus Ihrem Glaskäfig heraus sein teigiges Gesicht nicht sehen müssen, lugt mit glubschigen wasserblauen Augen hinter der Säule hervor. Sie kriegen Magenschmerzen. »Muss das sein?«, stöhnen Sie. »Ich fürchte ja,« nickt Ihre Sekretärin, »sonst geht er wieder zum Betriebsrat und jammert herum, dass er angeblich gemobbt würde in unserer Abteilung. Und die müssen dann qua Gesetz mit Ihnen reden. Und das heißt: Sie haben ihn gleich zweimal am Hals!« – »Ja, Sie haben Recht«, sagen Sie, »dabei mobbt der uns, schon allein durch seine Anwesenheit ...« Hilft nichts. Wat mutt, dat mutt!

Also gut. »Geben Sie ihm morgen früh gleich um halb neun einen Termin; dann hab ich's hinter mir. Ach, was will er eigentlich, wissen Sie's?«

Ihre Sekretärin: »Ich glaube, es geht um eine Gehaltserhöhung ...?«

»Was?«, schnauben Sie – im Augenwinkel beobachten Sie, wie sich das Glubschaugenpaar just in diesem Moment hinter die Betonsäule zurückzieht – »das schlägt dem Fass doch den Boden aus! Der soll froh sein, dass er nicht rausgeschmissen wird!« – »Chef, der Tarif, außerdem können Sie den nicht so einfach rausschmeißen,« flüstert Ihre Sekretärin und zieht sich schnell aus Ihrem Büro zurück.

Sie haben den gestrigen Abend genutzt, gut genutzt. Sie haben einen alten Studienfreund angerufen und ihn um Rat gebeten. Das Telefongespräch dauerte sieben Zigaretten und zwei Gläser Rotwein. Und es hat sich gelohnt, denn Pit, Ihr Freund aus alten Tagen, ist Leiter der Personalabteilung eines Konzerns. Pit hat täglich mit schweren Fällen zu tun, muss Mitarbeiter hinauskomplimentieren, hartnäckigen Fällen die Türe vor der Nase zuschlagen und vor allem muss er sich auf seine Menschenkenntnis verlassen können. Sein Psychologiestudium verschaffte ihm das Handwerkszeug dafür, die berufliche Praxis von mehr als zehn Jahren aber ließ ihn erst richtig professionell in seinem Fach werden. »Du hast also eine Zecke am Hals,« resümierte Pit nach Ihrer Schilderung des Wesens oder besser: des Un-Wesens von März. Dann hatte er einige Tipps auf Lager ...

Eröffnung:

Punkt halb neun betritt März ohne Anzuklopfen Ihr Büro und schließt die Türe. Sie sitzen hinter Ihrem Schreibtisch und schauen auf.

»Guten Morgen, Chef!« März strahlt und ist ausnahmsweise sogar einmal ganz gut gekleidet, nicht wie ein Clochard mit schmierigem Hemdkragen, speckig glänzender Hose ohne Gürtel und abgelatschten, farblich nie zum Outfit passenden Schuhen.

»Guten Morgen, Herr März,« geben Sie nach einer Kunstpause von einigen Sekunden den Gruß zurück. Sie lehnen sich zurück und schauen ihm geradewegs in die Augen. Plötzlich wenden Sie den Blick ab und betrachten ihn von oben bis unten. An den Schuhen bleiben Sie hängen und runzeln kurz die Stirn.

März: »Äh, Chef, ich habe da ein Anliegen ...«

Sie, betont gleichgültig: »Ja? Und das wäre?«

März: »Chef, ich bin jetzt seit acht Jahren im Unternehmen und war immer loyal. Sie sind der Abteilungsleiter seit einem Jahr. Bei Ihrem Vorgänger war es so, dass mein frei vereinbartes Gehalt ...«

Ohne Rücksicht auf den Besucher geht auf einmal die Tür auf und Ihre Sekretärin betritt (»zufällig«) den Raum: »Entschuldigung, aber Doktor Reibemann will unbedingt mit Ihnen telefonieren. Sie haben ja gesagt, ich könne Gespräche durchstellen, wenn ...«

Sie: »Sagen Sie, ich rufe in zwei Minuten zurück!«

Sie sehen wie März kurz zusammenzuckt – zwei Minuten nur? Die Sekretärin blickt März an, der guckt vorwurfsvoll zurück, sie hebt die Augenbrauen und geht hinaus.

Sie: »Also, worum geht's gleich wieder?«

März: »Ja also, Chef, bei Ihrem Vorgänger war es so, dass mein frei vereinbartes Gehalt immer nach der jeweiligen Tariferhöhung angepasst worden ist, auch wenn's nur der Inflationsausgleich war. Nun: Ich bin seit einem Jahr ...«

Die Türe geht erneut auf, März dreht hektisch den Kopf und sieht die Sekretärin, die erneut um Entschuldigung bittet und verkündet: »Doktor Reibemann lässt sich nicht abwimmeln, Chef ...«

Sie: »Dann stellen Sie ihn durch! Darf ich Sie bitten, März, kurz draußen zu warten!? Zwei Minuten ...«

Dieser schlurft zu seinem Platz und setzt sich, nicht ohne wasserblau mit den Augen zu rollen.

Erst eine gute halbe Stunde später klingelt das Telefon auf seinem Schreibtisch. Ihre Sekretärin flötet: »Herr März, der Chef ist wieder frei!«

März wischt sich die Krumen der Brotzeit aus den Mundwinkeln und macht sich erneut auf den Weg.

Die Tür geht auf (März klopft nie an): »Chef?«

Sie blicken hoch, schauen ihn verständnislos an und murmeln: »Ach ja, also was gibt's?«

März, diesmal drängender im Ton: »Also, Chef. Mein Gehalt ist seit einem Jahr nicht mehr angepasst worden ...«

Mittelspiel:

Sie, ohne mit der Wimper zu zucken: »Wieso Gehalt? Ich verstehe nicht so ganz ...«

März, ungeduldig: »Ich bin da, Chef, weil ich das Anliegen habe ...«

Sie: »Entschuldigen Sie, wenn ich Sie unterbreche, März. Ich wollte mir nur einen Kaffee holen.«

Sie verlassen Ihr Büro, schließen die Türe hinter sich und begegnen (»zufällig«) Ihrer Sekretärin, die erneut etwas Dringendes zu haben scheint und unentwegt auf Sie einredet. März beginnt die nette Dame zu hassen. Diesmal dauert es nur zehn Minuten, bis Sie wieder in ihr Büro schlendern und sich träge am vor sich hin brütenden März vorbei hinter Ihren Schreibtisch begeben. Sie nehmen Ihre Brille von der Nase und kauen gelangweilt am Bügel: »Also, März ... ach ja, Ihr Gehalt!«

März: »Äh, ja. Seit einem Jahr ist mein Gehalt nicht mehr angepasst worden. Ich denke, es ist jetzt an der Zeit, dass dies wieder passiert.«

Sie verschränken die Arme vor der Brust und sagen – nichts.

März rutscht nach fünf Sekunden unruhig auf seinem Stuhl herum: »Sind Sie, äh, nicht dieser Meinung?«

Sie haben sich am frühen Morgen in der Personalakte natürlich exakt über die Konditionen informiert, die März bei Antritt seines Beschäftigungsverhältnisses eingeräumt worden waren. Von einer automatischen Anpassung haben Sie nichts gelesen. März hatte es in früheren

Jahren – bevor Sie die Abteilung übernahmen – nur exzellent verstanden, ein vom Unternehmen freiwillig vergebenes Privileg quasi zum ungeschriebenen Gesetz zu machen.

Es ist Ihnen ohnehin unerklärlich, wie März jemals zu diesem Privileg gekommen war. Sie sind entschlossen, endgültig damit Schluss zu machen. Es wäre ja auch absurd, dem leistungsschwächsten und vor allem illoyalsten Mitarbeiter im Team weiterhin einen Vorzug zu gewähren, der seinen motiviertesten und leistungsstärksten Kollegen nie eingeräumt worden war.

Aber Sie wollen noch mehr: Sie wollen März 'rauskriegen! Dabei müssen Sie jedoch einem möglichen Konflikt mit dem Betriebsrat aus dem Weg gehen, in einer anderen Abteilung gab es große Aufregung wegen eines Mobbingfalls. Darüber hinaus müssen Sie damit rechnen, dass März, so intrigant und heimtückisch er ist, Ihnen mit willkürlich erfundenen Geschichten und Gerüchten genügend Probleme bereiten könnte. Eine Konfrontation mit ihm kommt deshalb für Sie nicht in Frage, eher wollen Sie versuchen, ihn selbst davon zu überzeugen, dass er in Ihrer Abteilung keine Perspektive mehr hat.

März bleibt hartnäckig und hat mit Ihrem demonstrativen Schweigen offensichtlich kein Problem: »Sie sagen nichts dazu, Chef?«

Sie schauen ihn geradewegs an – ernst und scheinbar »neutral« – und zwingen sich dazu, weitere 20 Sekunden zu schweigen. Die Gesprächspause wirkt unnatürlich, die Stille schlägt an Ihre Ohren, aber Sie halten durch.

Die meisten Menschen würden in einer solchen Situation aufstehen, vielleicht ruhig und konsterniert den Raum verlassen, andere wie von der Tarantel gestochen und hochrotem Kopf. Sie würden ihr Anliegen ad acta legen und das Gespräch als persönliche schwere Niederlage hinnehmen und akzeptieren. Sie würden verstanden haben.

März hingegen bleibt sitzen und spielt mit seinem Ehering. Als Sie den Blick von ihm abwenden, fragt er sogar frech: »Wie habe ich Ihr Schweigen zu verstehen?« Eine wahrhaft »harte Nuss«!

Endspiel:

Jetzt leiten Sie zu Teil II der Strategie über.

Sie (sehr leise und gedehnt sprechend): »Ich glaube, Herr März, wir müssen ein ernstes und offenes Wort miteinander reden. Eins vorneweg: Alles, was ich Ihnen jetzt in diesem Raum sage, ist von mir nie gesagt worden. Sollten Sie es Dritten gegenüber behaupten, lügen Sie – so wie Sie es ohnehin oft tun.«

März sieht aus, als wäre er einem Zombie begegnet: »Sie wollen doch nicht sagen, dass ...?«

Sie (weiterhin ruhig und freundlich lächelnd, damit niemand außerhalb des Glaskastens auf die Dramatik der Situation schließen kann): »Doch, März! Es ist jetzt an der Zeit, Ihnen reinen Wein einzuschenken.« Kurze Pause, die Augen Ihres Gesprächspartners flackern. »Sie werden hier in dieser Abteilung nie mehr ein Bein auf den Boden bekommen, Herr Kollege. Ich beobachte Ihre mangelhafte Leistung und besonders Ihr Verhalten seit knapp einem Jahr sehr genau und habe mir schon längst ein Urteil gebildet. Sie passen nicht in dieses Team! Sie stören den Arbeitsfrieden mit Ihrem intriganten Verhalten ...«

März unterbricht: »Ich muss doch sehr bitten!«

Sie: »Keiner arbeitet gerne mit Ihnen zusammen, März, niemand. Ich kann Ihnen zehn oder 20 Bemerkungen Ihrer Kollegen aufzählen, die alles andere als schmeichelhaft für Sie sind. Nur ein Beispiel: Beim Projekt A haben Sie alle hängen lassen, obwohl es Ihnen nicht entgangen sein dürfte, dass Müller und Perwitz nicht zum Spaß im Krankenstand waren ...«

März: »Aber das war doch nicht ...«

Sie (weiterhin leise sprechend und lächelnd): »Nein, unterbrechen Sie mich nicht. Es geht nicht um Einzelfälle. Ich sage Ihnen nochmals mit allem Nachdruck, dass Sie hier bei mir keine Chance haben werden. Sie sind ein Fall, von dem man sich trennen muss, und es tut mir nicht Leid, Ihnen dies zu sagen. Im Gegenteil: Ich bin sehr froh, wenn Sie nicht mehr bei uns sind.«

März ist blass, hat Schweißperlen auf der Stirn und zittert. Das Fordernde und aufgesetzt Selbstbewusste ist wie weggeblasen: »Sie können mir hier doch nicht eiskalt sagen ...«

Sie (noch ruhiger und sehr langsam und akzentuiert sprechend): »Doch, März, das kann ich. Sie haben mich und die anderen vollkommen falsch eingeschätzt. Ich bin nicht der, mit dem Sie so wie mit Ihren Vorgesetzten in den vergangenen Jahren verfahren können. Ich weiß nicht, wie Sie das gemacht haben; es interessiert mich auch nicht. Nur, jetzt hat sich das Spiel gewendet, März. Und darum sage ich Ihnen, dass ich Sie sogar bei der Suche nach einem neuen Job unterstützen werde. Sie werden kein bombastisches Zeugnis erwarten, aber es wird doch so sein, dass Sie damit weiterkommen. Alles andere interessiert mich nicht mehr.«

März schweigt betreten, zum ersten Mal, seit Sie mit ihm zusammenarbeiten, und glotzt auf seine Schuhe.

Sie fragen konjunktiv: »Wie würden Sie denn mit jemandem verfahren, März, der über einen Teamkollegen in der Kantine erzählt, er nehme bestimmt Drogen, weil er immer so ‚über-fit' sei und Ihnen manchmal seine ‚großen und geweiteten Pupillen' auffielen?«

März gequält: »Chef, das ...«

Sie legen nach: »Was würden Sie denn über einen Kollegen denken, der am Stammtisch einen schlechten Witz nach dem anderen über unser Unternehmen reißt? Was habe ich da gehört von einem Streit zwischen uns und der Firma ‚Granini' darüber, wer den ‚größten Saftladen' habe?«

März stöhnt.

Sie fragen provokativ: »Merken sie nicht, dass Sie sich auf der ganzen Linie daneben benehmen?«

März resigniert. Sie haben Ihr Ziel erreicht.

Sie haben zunächst im ersten Teil der Doppelstrategie versucht, März zu verunsichern und ihm »durch die Blume« mitzuteilen, dass Sie seine Forderung wegen seiner schlechten Leistung und vor allem wegen seines unkollegialen Verhaltens missbilligen und keinesfalls erfüllen werden. Durch Ihre demonstrativ zur Schau gestellte geistige Abwesenheit und durch Ihr gespieltes Desinteresse an seiner Person und seinem Anliegen, durch die ständige Störung des Gesprächs (bei einem geschätzten Gesprächspartner würde es dazu niemals kommen!) und die zahlreichen Unterbrechungen hofften Sie auf seinen Rückzug und die Einsicht, wohl kein gutes Standing mehr im Betrieb zu haben. Zugleich kalkulierten sie jedoch ein, dass dies bei einer Type wie März wahrscheinlich nicht ausreichend sein könnte. Ihr Studienfreund Pit gab Ihnen schließlich den Rat, in diesem Fall vom rhetorischen Florett auf das Kampfschwert überzugehen, und März in der Sache knallhart, in der Sprache und Körpersprache jedoch wohl temperiert, seine ausweglose Situation vor Augen zu führen. »Personalrechtlich gesehen,« so Pit, »gewiss nicht ganz stubenrein, aber höchst effizient!« Stimmt.

➔ Schachmatt.

Wichtig: Wenden Sie diese rhetorische Doppelstrategie keinesfalls willkürlich an! Achten Sie, falls Sie sich tatsächlich in der Chefrolle befinden sollten, auf Ihre personalrechtliche und menschliche Verantwortung.

Berücksichtigen Sie auch, dass Sie sensiblere Menschen als den fiktiven »Kollegen« März schwer in ihrer Persönlichkeit verunsichern und in ihrer Würde verletzen können!

Andererseits haben Sie in einer unterstellten personalrechtlichen Verantwortungssituation immer auch die Interessen aller Mitarbeiter im Auge zu haben. Und wenn ein Beschäftigter sich asozial verhält, sind Sie als Vorgesetzter im Sinne dieser Gesamtverantwortung gefordert und sollten auch vor unangenehmen Schritten nicht zurückschrecken.

Wenn Sie diese Strategie anwenden, wandeln Sie auf einem schmalen Grat zwischen dem so genannten »Mobbing« und der und der unbedingten Notwendigkeit, den Frieden in Ihrem Arbeitsbereich zu erhalten bzw. wiederherzustellen. Seien Sie sich bewusst, dass jedes Wort, das Sie vor Zeugen einem anderen Beschäftigten gegenüber äußern, gegen Sie selbst beispielsweise in einem arbeitsgerichtlichen Verfahren verwendet werden kann.

Besonders für diese rhetorische Strategie ist also unbedingt ein klarer und vor allem kühler Kopf erforderlich! Lassen Sie sich keinesfalls von negativen Emotionen hinreißen – ansonsten schießen Sie mit Sicherheit über das Ziel hinaus und geben sich Blößen.

Strategieschema:

1. Sie werden mit einer Forderung konfrontiert, mit der Sie sich keinesfalls fair auseinander setzen wollen (oder können).
2. Sie wollen diese Forderung abwehren und müssen hierzu jedoch angreifen, weil bloße Abwehr nicht Erfolg versprechend genug ist.
3. Sie stören den Gesprächsverlauf durch alle möglichen Unterbrechungen.
4. Sie senden negative Signale Ihrer Körpersprache aus (Arme vor der Brust verschränken, Abwehr/Distanz, »leere« Blicke aus dem Fenster oder in den Raum, Desinteresse, Nacken massieren oder Gähnen, Langeweile und so weiter).
5. Erreichen Sie mit dieser Verunsicherungsstrategie noch nicht das geplante Ziel, gehen Sie zu Teil II über und leiten Sie die Entblößungsstrategie ein.
6. Konfrontieren Sie den Gesprächspartner mit ihm äußerst unangenehmen Einschätzungen der Situation und seiner Person (ohne jedoch vordergründig ehrabschneidend, beleidigend oder verletzend zu werden!).
7. Halten Sie ihm diese Einschätzungen unter Berücksichtigung der gesamten Rahmenbedingungen des Gesprächs entgegen. Wählen Sie in jedem Fall eine Situation, in der Sie unter vier Augen mit ihm sprechen können!
8. Nutzen Sie hinterhältige Fragen der Frage- und Gesprächstechniken, zum Beispiel konjunktivische und provokante Fragen.

> 9. Geben Sie die einmal eingeschlagene Doppelstrategie keinesfalls auf und ignorieren Sie jeden Rechtfertigungs- und Entlastungsversuch des Gesprächspartners.

Das bewusste Schaffen von Stresssituationen ist das Kernelement der Strategie der totalen Verunsicherung und eine wichtige Grundlage der psychologischen Kriegführung. Im Folgenden eine kleine Auswahl von »Folterinstrumenten«:

Methode	***Ziel***
Gähnen, an die Decke starren, dem Blick ausweichen	demonstrative Langeweile und Desinteresse vermitteln
Mit anderen Beteiligten flüstern	Unsicherheit erzeugen
Das Gespräch systematisch unterbrechen lassen – durch Telefonate und Besuche	Redefluss und Argumentationslinie des Gesprächspartners stören
Lange warten lassen	Nervosität, Unruhe und Aggression hervorrufen
Kurzzeitiges Verlassen des Raums	Gedanklichen Zusammenhang unterbrechen, Redefluss stören
Kurz angebunden sein, Unfreundlichkeit	Desinteresse und Ablehnung demonstrieren
Unzusammenhängend reden, »gedankliches Froschhüpfen«	Verwirrung stiften

Methode	*Ziel*
Zu Beginn des Gesprächs (Meetings etc.) vereinbarte Pausen übergehen	Ermüdung erzeugen
Für eine beengte oder ungünstige Sitzposition des Gesprächspartners sorgen	Spannungen und körperliche Ermüdung hervorrufen
Sehr kalte oder sehr heiße Raumtemperatur mit Klimaanlage bzw. Heizung erzeugen	Schnelles Ende des Gesprächs herbeiführen
Für »Nebengeräusche« sorgen – durch Handwerker o.Ä.	Schnelles Ende des Gesprächs herbeiführen, Konzentration stören, Nerven des Gesprächspartners strapazieren

8. Die Strategie der prinzipiellen Zustimmung

»Vom Hundertsten ins Tausendste« zu kommen heißt so viel wie sich zu verzetteln und den roten Faden zu verlieren, kurzum: den Wald vor lauter Bäumen nicht zu sehen.

Diese durchaus menschliche Eigenschaft – das Unvermögen, zu jeder Zeit das große und komplexe Ganze im Blick zu haben – macht sich die rhetorische Strategie der prinzipiellen Zustimmung zunutze. Es geht hierbei darum, Skeptiker vom Segen eines Gesamtprojekts zu überzeugen. Die Strategie: Zunächst werden Details oder Teile des Gesamtprojekts konsensfähig gemacht und durchgesetzt. Erst am Schluss folgt der »Big Bang«, der große Schlag.

Eröffnung:

Peter Müller ist Chef der Entwicklungsabteilung eines mittelständischen Unternehmens in der Farbenindustrie. Der Betrieb mit mehreren Produktionsstätten steht hauptsächlich auf zwei Beinen: etwa 40 Prozent des Umsatzes macht das Unternehmen als Zulieferer für Bau und Innenausbau, rund 50 Prozent als Hersteller von Farben und Lacken, die von der Kfz-Industrie geordert werden. Das restliche Zehntel wird in der Sparte Holzschutzlacke verdient.

Müller hatte als gelernter Holzbauingenieur seit langem die Vision, diesen Bereich auszubauen. Wegen der millionenschweren Klagen von privaten Häuslebauern gegen die Hersteller von Holzschutzfarben und -lacken für den Innen- und Außenbereich, die in den vergangenen Jahren in der Öffentlichkeit für reichlich Aufregung gesorgt hatten, war man bei der »Farbenwelt« zu diesem Bereich jedoch auf Distanz geblieben. Rein technisch gesehen war es nicht einfach, Holzfarben und -lacke zu entwickeln, die einerseits hochwertiges Bauholz beispielsweise vor dem schädlichen und das Material ruinierenden Blauschimmel schützen würden und andererseits chemisch völlig unbedenklich zusammengesetzt sein konnten. Die Crux lag jedoch besonders in der Sorgfalt bei der Verarbeitung, für die konkurrierende Produzenten oft nicht einmal Warnhinweise auf den Behältern angebracht und so mittelfristig den Markt ruiniert hatten. Heimwerker, Hausfrauen und Kinder hatten nicht selten die Farben und Lacke ohne Handschuhe und Mundschutz auf Holzdecken, Treppengeländer und Parkettböden gepinselt und die sich bei der Verarbeitung entwickelnden Gase eingeatmet und auf die Haut wirken lassen. Das Image von Hyperdekor – oder wie auch immer die Fichten-, Kiefer-, Eichen- oder Nussbaumtöne hießen – war restlos hinüber.

Müller hatte aber gerade in diesem ungeheuren sektoralen Prestigeverlust der Farbenindustrie die Marktlücke für die »Farbenwelt« erkannt. Seine Idee: Anstriche auf wasserlöslicher Basis verbunden mit einem harzbasierten Klarlack – eine streng ökologische Angelegenheit. Geboren worden war die Idee in der intensiven Zusammenarbeit mit einem Professor eines renommierten Öko-Instituts im Badischen.

Die Konzeption stand, der Projektplan war fertig. Nun war es an der Zeit, der Geschäftsleitung des Unternehmens das Projekt schmackhaft zu machen und vor allem die dafür erforderlichen Entwicklungskosten von grob geschätzt rund 10 Millionen Euro durchzusetzen. Vor dem entscheidenden Meeting im großen Konferenzsaal hatte Müller eine fast schlaflose Nacht, denn ihm war sehr wohl bewusst, dass eine solch horrende Summe bislang lediglich für die Entwicklung von Produkten für die Kfz-Industrie in die Budgetpläne eingestellt worden war.

Müller: »Unsere geplante Produktreihe, meine sehr geehrten Damen und Herren, wir nennen Sie im Arbeitstitel ‚NaturPur', würde mehrere unschätzbare Vorteile in sich vereinen ...«

»Gleich mehrere?«, fragt Geschäftsführer Dr. Karl Wolter gespannt.

»Ja,« entgegnet Müller, »zum einen wird sie aus rein biologisch abbaubaren, also streng organischen Grundstoffen bestehen.«

Zwölf Augenpaare mustern Müller sehr interessiert.

Mittelspiel:

»Jede einzelne Komponente jeder einzelnen Farbe und jedes einzelnen Lackes soll nachweisbar und restlos biologisch abbaubar sein. Dies wird vom Institut jeweils zertifiziert werden. Und das ist doch,« Müller hebt den Finger, »bei unserer heute sehr kritischen Öffentlichkeit ein großes Plus.«

Die Runde nickt zustimmend.

»Ferner sollen aufgrund der ökologischen völligen Unbedenklichkeit der Produkte sämtliche Farben und Lacke sowohl im Innen- als auch im Außenbereich verarbeitet werden können.«

Geschäftsführer Werner Simmerer schürzt die Lippen und meint: »Das wäre wirklich ein Schlager, an den ich kaum glauben kann!«

»Darüber hinaus,« erläutert Müller, »sind wir aufgrund der hervorragenden Kooperation mit dem Institut bereits jetzt in der Lage, auf natürliche Farbkomponenten zurückzugreifen, die infolge des Siegeszugs der Chemie in Vergessenheit geraten waren – beispielsweise auf Naturfarben, die aus der Flachspflanze gewonnen werden.«

Staunen. »Aber wie ist es mit der Witterungsbeständigkeit und der allgemeinen Haltbarkeit?«, fragt ein Skeptiker.

»Sehen Sie sich alte Fachwerkhäuser im Fränkischen an,« antwortet Müller, »das Gebälk hat sich zum Teil über 200, ja 300 Jahre gehalten. Aber zugegeben, vor 200 Jahren hatten wir nicht so viele Schadstoffe in der Luft wie heute. Es bedarf also noch einiger Entwicklungsarbeit, um ähnliche Qualitäten herzustellen, die den Anforderungen unserer heutigen Umwelt gerecht werden.«

Zustimmung, einige Köpfe nicken.

»Aber jetzt noch eins«, ergänzt Müller, »ich bin überzeugt davon, dass wir mit unserer Produktreihe ‚NaturPur' mit einem sehr verbraucherfreundlichen Preis auf den Markt gehen können, da der Absatz entsprechend hoch kalkuliert werden kann.« Weiterhin Zustimmung, nachdem Müller mit Power Point und Beamer Torten- und Säulengrafiken erläutert hat.

Endspiel:
»Alles andere als gering sind natürlich die von mir kalkulierten Entwicklungskosten. Da mache ich uns nichts vor,« so Müller weiter. »Wenn Sie sich jedoch die mit ‚NaturPur' verbundenen Chancen vor Augen halten und ebenso die Struktur des Projektplanes ansehen – sie besteht aus sechs einzelnen Stufen und kann jederzeit bei Nichterreichung der einzelnen Projektziele gestoppt werden –, so denke ich, dass wir bei einem Maximum an Chancen ein Minimum an Risiken auf uns nehmen.«

Interessierte und wohlwollende Blicke.

Müller vollendet: »Ich darf noch einmal zusammenfassen, meine Damen und Herren! Wir haben es mit einem Projektplan für eine Produktreihe zu tun, die aus rein organischen und biologisch abbaubaren Grundstoffen besteht, sowohl im Innen- als auch im Außenbereich verarbeitet werden kann, die drittens auf plausiblen und nachweisbaren Erfahrungen alter Handwerkskunst beruht – ein Umstand, der sich im Übrigen ganz hervorragend marketingmäßig anbringen lässt – und viertens können wir mit äußerst verbraucherfreundlichen Preisen auf den Markt gehen.«

Dem Plan wird zugestimmt, die Entwicklungskosten werden entsprechend dem Vorschlag budgetiert.

Müllers schlaflose Nacht hat sich rentiert. Die Grundlage seiner Überlegungen war die: Das Vorstandsgremium würde einem Projektplan mit ungewöhnlich hohen Entwicklungskosten in einem äußerst problematischen Markt mit miserablem Image niemals zustimmen, wenn er von vornherein mit der ganzen »Geschichte« herausgerückt wäre. Seine Strategie bestand darin, zunächst die einzelnen Vorzüge und Perspektiven des Projekts geschickt zu präsentieren und gebührend würdigen zu lassen. Sein Kalkül: Würde er das Pferd von hinten aufzäumen, soll heißen, für die einzelnen Bestandteile des Plans

Zustimmung erhalten, würde es dem Gremium schwer fallen, den Plan als Ganzes zu missbilligen.

➔ Schachmatt.

Strategieschema:

1. Sie wollen in einer Gesprächssituation vom Nutzen einer Idee oder von einem Projekt überzeugen, dessen Gesamtheit den gewöhnlichen Rahmen sprengt.
2. In Ihrer intensiven Vorbereitung arbeiten Sie die Vorzüge und Vorteile Ihres Projektes heraus und strukturieren diese in einer systematischen Reihenfolge.
3. Wenn die Zustimmung des Gesprächspartners erfolgt, präsentieren Sie die weiteren Bestandteile des Plans.
4. Durch eine Zusammenfassung der einzelnen und von Ihnen dargestellten Details und Bestandteile des Plans machen Sie nochmals nachdrücklich bewusst, dass bei Zustimmung zu den einzelnen Elementen die Zustimmung zum Ganzen impliziert wird.

9. Die Strategie der Bösartigkeit

Es gibt Situationen, in denen der Mensch böse sein muss!
Bevor Sie mir widersprechen, denken Sie nach und seien Sie ehrlich mit sich selbst: Erinnern Sie sich nicht an Gespräche – berufliche oder

private, in denen Sie dem Anderen nicht am liebsten eine ‚runtergehauen' hätten? Vielleicht waren Sie sehr nahe dran, verbal ausfällig oder gar handgreiflich zu werden? Schämen Sie sich nicht dafür, denn Aggressionen sind uns Menschen angeboren. Sie gehören zu unserem Genom und zu unserer Sozialisation wie unser Bedürfnis nach Liebe, Geborgenheit und Zärtlichkeit.

Natürlich besteht die Kunst der Rhetorik nicht aus einer Sammlung verbaler Injurien und Verunglimpfungen oder aus Techniken möglichst wirksamer persönlicher Verletzungen. Gleichwohl – Sie werden mir nach dem nächsten Beispiel vielleicht zustimmen – können Sie manchmal Situationen kaum ausweichen, in denen Sie verbale Gegner nicht mit Samthandschuhen anfassen oder damit rechnen können, sie mit geschickten und klugen Strategien auszumanövrieren. Mancher fordert es geradezu heraus, dass Sie ihm Grenzen aufzeigen. Da genügt es nicht, zu »kleckern«, da müssen Sie schon »klotzen«!

Eröffnung:

Dieter Harthauser ist vor fünf Jahren in das Unternehmen eingetreten, das Sie als verantwortlicher Manager leiten. Sie sind 62 Jahre alt und wollen pünktlich zu Ihrem 63. Geburtstag in Ruhestand. Sie gehören nicht zu jener Spezies von Männern, die sich als unersetzlich empfinden und glauben, die Welt (Ihr vertrautes Terrain im Unternehmen) würde sofort zusammenbrechen, wenn der Lotse von Bord ginge. Sie haben alles vernünftig und systematisch geplant: Die Finanzierung steht, der Vorstand ist mit Ihren Plänen einverstanden und winkt mit einer erklecklichen Betriebsrente zusätzlich zu Ihrer privaten Altersvorsorge. Frau, Kinder und Enkel freuen sich, Sie können bald Ihre Hobbys pflegen und hoffentlich bei bester Gesundheit alles andere tun, als nach dem letzten Gang in die Firma in ein schwarzes Nichts zu fallen.

Eine komfortable Situation, denn auch im Unternehmen haben Sie alles geordnet: Harthauser, ein Mann ganz nach Ihrem Geschmack – jung und dynamisch, aber nicht zu jung und nicht zu dynamisch (zu früh an Ihnen vorbei), zupackend, ehrgeizig (aber nicht zu ehrgeizig), kompetent in der Sache und verbindlich im Umgangston: die Idealbesetzung für Ihren Posten. Sie haben ihn selbst ausgesucht und sich insgeheim schon mehrfach auf die Schulter geklopft und sich gratuliert für das gute Händchen bei der Auswahl Ihres Nachfolgers.

Und jetzt das! Ihnen wurde von einem guten Freund – aus sehr sicherer Quelle also – zugetragen, dass Harthauser sich bei der Konkurrenz ins Gespräch gebracht hat. Sie können es zunächst kaum glauben. Alles war doch schon geregelt, sein großer und verantwortungsvoller Aufgabenbereich mit ihm besprochen, Sie hatten ihn bereits in zahlreiche Interna und Firmengeheimnisse eingeweiht, seine finanziellen Perspektiven waren mehr als großzügig aufgezeigt worden ... Und trotzdem will der Mensch auf einmal – ohne äußerliche Anzeichen und ohne erkennbare oder plausible Motivation – in ein anderes Unternehmen, und ausgerechnet auch noch zur härtesten Konkurrenz, die sich bestimmt ins Fäustchen lachen würde! Sie zweifeln an Ihrer Menschenkenntnis, die Sie noch nie derart im Stich gelassen hat, Sie wollen sich gar nicht erst ausmalen, wie Ihre Vorstandskollegen reagieren werden ... Sie sind: down under.

Was ist zu tun? Gut, Sie waren nie ein Mensch, der etwas auf sich zukommen sah, ohne zu versuchen, den Lauf der Dinge zu beeinflussen – oder besser noch: selbst in den Griff zu bekommen. Laisser-faire war nie Ihre Sache, besser schon: den Stier bei den Hörnern packen und ihn zu Boden zwingen. Deshalb ist Ihnen bald klar – nachdem Sie den ersten Schock über die Nachricht Ihres Freundes verarbeitet haben –, dass hier kein Zuwarten hilft. Der Renegat muss gestellt werden, er muss entlarvt werden, sein Doppelspiel soll auffliegen, er soll bekommen, was er verdient: die Verachtung der Verschmähten! Nur so, kalkulieren Sie, ist Ihr Prestige und Ihre Arbeit der vergangenen zwei Jahrzehnte zu retten. Sie müssen Distanz zu ihm aufbauen, öffentlich, nachvollziehbar, konsequent und ohne Rücksicht auf Verluste.

Die Gelegenheit dazu kommt bereits am nächsten Morgen. Harthauser soll im Auftrag des Vorstands ein Konzept zur besseren Anbindung spezieller Vertriebsaktivitäten an die Marketingabteilung präsentieren. Für Harthauser ist dies business as usual, das Konzept ist von drei Mitarbeitern durchgefeilt und sauber vorbereitet worden.

Harthauser legt los. Mit sonorer Stimme, wie immer im perfekten Outfit – Armani-Anzug und Le-Beau-Krawatte –, trägt er zwei Minuten vor. Plötzlich unterbrechen Sie mit einem gezischten »Ts ts ts ...«

Einige Köpfe Ihrer Vorstandskollegen drehen sich schnell in Ihre Richtung. Harthauser ist irritiert, blickt Sie kurz und fragend an und fährt im Text fort.

Mittelspiel:

Einige Sätze weiter fallen Sie Harthauser erneut ins Wort: »Entschuldigen Sie, Herr Harthauser, Sie sind schon in der richtigen Veranstaltung, oder?«

Harthauser stutzt und sagt: »Ich verstehe nicht, was Sie meinen ...?«

Sie: »Gut, fahren Sie fort!«

Wieder trifft Sie ein fragender und leicht verunsicherter Blick des Referenten.

Eine Minute später öffnen Sie geräuschvoll eine Flasche Mineralwasser und gießen sich kopfschüttelnd mit der halblauten Bemerkung »Oh, das ist dürftig ...« ein Glas ein. Einige Ihrer Vorstandskollegen schauen sich entgeistert an.

Sie: »Also, ich muss jetzt doch sagen, dass ich Ihren Vortrag überhaupt nicht verstehe! Wir haben das doch ganz anders besprochen und eine vollkommen andere Ziellinie festgelegt. Was soll denn das, was Sie hier vortragen?«

Harthauser: »Aber hören Sie, das ist doch unsere Konzeption!«

Endspiel:

Sie: »Nein, das ist Blödsinn! Es kommt doch auf etwas ganz anderes an!«

Harthauser: »Wie können sie von ‚Blödsinn' sprechen? Das ist doch ...«

Sie: »Ich glaube, wir müssen uns heute – lassen Sie mich meine Termine sehen – ja, um 15 Uhr ganz dringend sprechen, Herr Harthauser!«

Harthauser: »Wenn Sie meinen. Soll ich fortfahren?«

Sie, ohne mit der Wimper zu zucken: »Nein, verschonen Sie uns bitte mit Ihrer Konzeption. Das ist unter den neuen Voraussetzungen, die Sie überhaupt nicht berücksichtigt haben, völlig am Thema vorbei!«

Harthauser dürfte nicht mehr wissen, wo ihm der Kopf steht. Er weiß ja nichts von einer neuen Besprechung und einer neuen Festlegung der Ziellinie. Er wollte seine Konzeption einfach so abspulen, wie er es gewohnt war – mit eingebauter Erfolgsgarantie. Und jetzt auf einmal fallen Sie ihm ständig ins Wort, stoppen ihn sogar mit reichlich harten Bemerkungen und werfen ihn völlig aus der Bahn. Er schluckt jedoch und ahnt, worauf Sie in Wirklichkeit abzielen: Distanz zwischen sich und ihn zu bringen und ihn zu blamieren, um noch im letzten Moment »abspringen« zu können und wenigstens die letzte Chance zu nutzen, um nicht selbst als der Blamierte dazustehen.

➔ **Schachmatt.**

Wichtig:

1. Wenden Sie diese Strategie nicht zu oft an! Harte rhetorische Attacken und verbale Injurien verfehlen schnell ihre Wirkung, wenn Ihre Umgebung sie von Ihnen gewohnt ist.
2. Bei der Strategie der Bösartigkeit handelt es sich um eine »Blutgrätsche«, die lediglich für ansonsten aussichtslose Fälle vorbehalten ist.
3. Ist Ihr Gegner innerhalb der Hierarchie ebenbürtig oder schätzen Sie ihn so ein, dass er hart zurückschießt bzw. aggressiv und wütend wird, so verlegen Sie sich auf ironische Bemerkungen und vermeiden Sie einen direkten Schlagabtausch mit »harten Bandagen«, da Ihr Prestige ansonsten Federn lassen könnte.
4. Die Strategie lebt vom Überraschungseffekt. Kann sich Ihr Gegner darauf vorbereiten, verpufft die Wirkung!

Strategieschema:

1. Es geht bei der Auseinandersetzung mit einem versierten Gesprächs- bzw. Diskussionspartner um sehr viel.
2. Sie wollen bzw. müssen seine Ausführungen stoppen. Dazu heißt es, unbedingt einen kühlen Kopf bewahren und alle negativen Emotionen dem Ziel unterordnen!
3. Sie lassen ihn zunächst argumentieren.
4. Sie irritieren seinen Redefluss mit nonverbalen Argumenten, fallen ihm mit ironischen und unqualifizierten Äußerungen (»Blödsinn«, »völlig am Thema vorbei«) ins Wort.

5. Sie tun so, als ließen Sie ihm nochmals eine Chance und lassen ihn zunächst weiter argumentieren.
6. Sie unterbrechen erneut.
7. Sie disqualifizieren ihn schließlich mit allem Nachdruck.

Eigentlich sind Sie ja kein »bösartiger« Mensch. Im Gegenteil: Sie mussten nur Ihre eigene Haut, oder besser: Ihr Prestige im Unternehmen, retten und wollten nicht mit einer Niederlage in den wohlverdienten Ruhestand gehen. Außerdem sind Sie ein verantwortungsbewusster Charakter und wollen keine Scherben hinterlassen: Das ehrt Sie.

Gleichwohl soll es aber gerade im Wirtschaftsleben Menschen geben, die äußerst skrupellos und ohne Rücksicht auf Verluste an Mensch und Material auf die Durchsetzung ihrer eigenen Machtinteressen bedacht sind – und/oder bedacht sein müssen, da das moralisch-ethische Koordinatensystem der freien Marktwirtschaft anders gelagert ist als das einer Höheren-Töchter-Schule.

So geht es bei Tarifverhandlungen, bei Börsengeschäften, beim Poker um die Übernahme maroder Unternehmen oder beim Gerangel um die Vergabe öffentlicher Aufträge oft recht »hemdsärmlig« und wenig gesittet zu. Wir wollen dies nicht verurteilen aber wertfrei feststellen.

Auch hier steht die politische Rhetorik – Ausnahmen mögen mir verzeihen – Pate. In keinem anderen Bereich wird so sehr getrickst, geschoben (und gelogen), werden so elegant die Wahrheiten zu Halbwahrheiten verdreht und so viele Dinge als Tatsachen behauptet, an denen nur eines »tatsächlich« ist – nämlich die Behauptung. Erinnern Sie sich an die einführenden Bemerkungen über Hitler, der als wahrhaft diabolischer Meister der »Rhetorik« der Lüge auf der Klaviatur der Drohung-Täuschung-Verdrehung-Unwahrheit spielen konnte wie kein anderer vor und kein anderer nach ihm.

Keine Rede: Dies soll uns keinesfalls als Beispiel dienen. »Finale« Rhetorik ist nicht die Rhetorik der Lüge! Wir dürfen die Techniken der auf die Spitze getriebenen Rhetorik der Bösartigkeit jedoch nicht außer Acht lassen – und sei es nur deshalb, weil Sie im Berufs- und eventuell auch im Privatleben einmal an Zeitgenossen geraten, die ihren persönlichen Erfolg nur an einem messen: an der Durchsetzung ihrer jeweiligen Ziele, und zwar mit allen Werkzeugen und Waffen, und nicht an der Integrität ihres Verhaltens.

Beobachten können Sie diese Techniken wie gesagt besonders aufmerksam im politischen Bereich. Denken Sie nur an die »Verhandlungs«-Strategien im israelisch-palästinensischen oder indisch-pakistanischen Konflikt und/oder verfolgen Sie Berichte in den Medien über die Verteidigungstaktik des früheren Serbenführers Slobodan Milosevic. Die Vorgehensweisen ähneln sich frappierend und sind – wenigstens zum Teil – auf andere Bereiche übertragbar:

- Unwahre und in der augenblicklichen Situation schlecht oder nicht überprüfbare Behauptungen werden aufgestellt, um eine Entscheidung zu erzwingen;
- nur zum Schein wird auf Gegenargumente und Verhandlungspositionen eingegangen, die wenig später wieder in Frage gestellt werden;

- der Sachverhalt wird zerredet;
- der Verhandlungsgegner wird persönlich verletzt, ihm wird die Kompetenz abgesprochen, er wird mit Zynismus und Häme übergossen;
- es werden kontinuierlich neue Forderungen eingebracht und das schon Erreichte wird jeweils als neue Ausgangsbasis benützt;
- unumstößliche Tatsachen werden bestritten und die Integrität des Gesprächspartners wird grundsätzlich in Zweifel gezogen;
- dem Gesprächspartner werden unlautere Motive unterstellt;
- der Verhandlungspartner wird phasenweise eingelullt, nur um ihn kurz danach wieder auf ganzer Linie anzugreifen;
- Stresssituationen werden mit dem Ziel geschaffen, den Verhandlungsgegner nicht ruhig und vernünftig argumentieren zu lassen;
- einzelne Bereiche des Verhandlungsganzen werden einseitig und als »nicht verhandelbar« deklariert, ausgeklammert bzw. die Verhandlung als Ganzes wird verweigert, um vom Gegner Zugeständnisse zu erzwingen;
- Argumente werden durch Drohungen ersetzt; der Verhandlungsgegner wird eingeschüchtert;
- und so weiter ...

10. Die »Den-Finger-auf-den-wunden-Punkt-legen«-Strategie

Der Neue nervt. Nicht, dass dieser nur täglich das Rad neu erfinden will. Dafür hat Frau Klemphof ihn als ihren Stellvertreter eingestellt, da wirklich so manches in der Serviceabteilung von »Reiter & Co.« eingefahren und eingestaubt ist. Dass er aber den Eindruck vermittelt, als wären leitende Mitarbeiter mit zehn oder 15 Jahren Erfahrung in der Firma zehn oder 15 Jahre auf dem Holzweg gewesen – das geht zu weit. Hier bedarf es einer guten Abwehrstrategie.

Eröffnung:

Philip Carstens, Mitarbeiter der Serviceabteilung und lange in der Hoffnung, er würde ihr stellvertretender Leiter werden, hat sich (»hinten herum«) über Müller erkundigt und herausgefunden, dass der Neue bei seinem früheren Arbeitgeber, der kürzlich Konkurs anmelden musste, wohl gute Arbeit geleistet hat, aber mit einem Kunden größte Probleme hatte.

Der Chefeinkäufer der Firma Floßbrück, der Müllers Arbeitgeber zulieferte, hatte ihm das Leben ganz schön schwer gemacht. Besonders interessant: Das Servicekonzept, das Müller jetzt hier penetrant als »top«, »unschlagbar« und »hundertprozentig kundeneffizient« verkauft, war bei Floßbrück auf der ganzen Linie gescheitert!

Carstens trifft Müller einige Tage später in der Werkskantine beim Mittagessen. Man sitzt zu viert am Tisch und nach einigen Minuten kann Müller schon wieder nicht an sich halten und philosophiert über die Bedeutung seiner Projekte.

Carstens: »Sie haben uns ja bereits einige Male berichtet, dass Ihr Servicekonzept auf wissenschaftlichen Grundlagen beruht, ist es nicht so?«

Müller eifrig: »Ja, das ist so. Es gibt ausführliche Studien ...«

Carstens: »Heißt das, dass man heute die Ansprüche der Kunden so vorausschauend analysieren kann, dass Reklamationsfälle – jedenfalls in wichtigen und sensiblen Produktbereichen – wesentlich minimiert werden können?«

Müller geschmeichelt: »Ja, wesentlich, wenn nicht sogar ganz.«

Carstens: »Wie lange setzen Sie die Ergebnisse dieses Konzepts denn schon um?«

Müller: »Na ja, wir haben das bei meinem vorherigen Arbeitgeber schon praktiziert – mit gutem Erfolg.«

Mittelspiel:

Carstens schichtet mit dem Messer sorgfältig zwei Karöttchen und ein Stückchen Brokkoli auf die Gabel, hält einen Moment inne und blickt Müller direkt in die Augen: »Bei Floßbrück konnte die Theorie aber nicht so lupenrein in die Praxis umgesetzt werden, oder?« Dann schiebt er die Gabel in den Mund und kaut genüsslich sein Gemüse.

Müller blinzelt auffällig mit den Augen, klappert geräuschvoll mit seinem Besteck und benötigt eine Kunstpause: »Äh ja, das stimmt schon, aber Floßbrück, wissen Sie, nun ja, Floßbrück war ein Ausnahmefall ...«

Carstens unterdrückt ein Grinsen und schaut Linda Hofstetter von der Serviceabteilung an, die ihm mit einem überraschten und zweifelnden Blick antwortet. Herbert Sieger vom Vertrieb erfasst hingegen sofort, wie der Hase läuft, und kann ein Zucken seiner Mundwinkel nicht unterdrücken.

Carstens: »Also gibt es doch auch hier die Ausnahme von der Regel?«

Müller: »Nun ja, sicher, wenn man es so sehen will ...«

Sieger: »Das muss man ja dann doch wohl so sehen!«

Endspiel:

Müller, der sich offensichtlich wieder gefasst hat: »Sehen Sie, der Chefeinkäufer von Floßbrück ist ein Mensch, der es sich zur Aufgabe gemacht hat, an allem herumzunörgeln und mit nichts – mit keinen, aber auch wirklich keinen noch so guten Konditionen – zufrieden zu sein. Das ist sein Stil!«

Carstens: »Ja, solche Leute gibt's. Und ich habe gehört, weiß aber nicht, ob das stimmt, dass Floßbrück sogar einen anderen Zulieferer beauftragt hat und Ihre alte Firma den Kunden verloren hat?«

Linda Hofstetter macht große Augen, stupst die Asche von ihrer Zigarette und hüstelt.

Müller rutscht auf seinem Stuhl und meint spitz: »Die Latrinenparolen funktionieren aber gut!«

Carstens: »Sorry, man kennt sich halt ...«

Müller verärgert: »Ja, das habe ich bemerkt.«

Ja, nur zu spät. Ansonsten hätte sich der neue stellvertretende Leiter der Serviceabteilung von Reiter & Co. wahrscheinlich nicht so weit aus dem Fenster gelehnt. Seine Eitelkeit hatte ihn jedoch vergessen lassen, dass ihm in den früheren Jahren seiner Karriere auch nicht immer alles gelungen war und sein Verdrängungsmechanismus hatte bei Misserfolgen und negativen Erlebnissen immer schon hervorragend funktioniert. Und so ist er Carstens im wahrsten Sinn des Wortes »ins Messer gelaufen«.

Dabei hätten ihm mehrere Dinge klar sein müssen:

1. Missionarischer Eifer geht allen auf den Keks.
2. Wenn man als »Neuer« die »Alten« im Unternehmen bei der Umsetzung seiner Konzepte nicht einbindet, geduldig und langfristig

überzeugt und sie am erhofften Erfolg nicht teilhaben lässt, sind sie einem nicht unbedingt wohlgesonnen.

3. Kein theoretisches Konzept lässt sich lupenrein auf die unternehmerische Praxis übertragen.
4. Misserfolge und Niederlagen sollten zwar nicht zelebriert, aber als solche eingeräumt und auch anderen zugestanden werden: Der Souveräne bricht sich deshalb keinen Zacken aus der Krone.
5. Auch mit neuen Ideen kann das Rad nicht neu erfunden werden. Mit viel Glück dreht man es nur ein Stückchen weiter – hoffentlich in die richtige Richtung.
6. »Die Anderen« sind nicht so blöd, wie man vielleicht denkt ...

➔ **Schachmatt.**

Strategieschema:

1. Sie wollen einen Gesprächspartner auf den Boden der Tatsachen zurückholen und müssen wieder für Ordnung sorgen.
2. Sie wissen, dass jeder Niederlagen und Misserfolge hinnehmen muss, und Sie kennen oder recherchieren diese »wunden Punkte« bei Ihrem Gesprächspartner.
3. Bei einem nicht völlig uneinsichtigen oder maßlos überheblichen Gesprächspartner genügt es, das Thema anzudeuten.
4. Ansonsten stochern Sie in der Wunde.

11. Die Strategie des Herunterspielens und der gleichzeitigen Entlastung

Staatssekretär Dr. Ralph Schlaumeier steht mit dem Rücken an der Wand. Die TV-Journalistin Isolde Kilz ist kräftig dabei, ihn vor laufenden Fernsehkameras auseinander zu nehmen. Thema: die neuen Arbeitsmarktzahlen.

Eröffnung:

Kilz: »Herr Staatssekretär, über vier Millionen Arbeitslose! Und das saisonbereinigt. Das ist keine stolze Leistung der Regierung!«

Schlaumeier: »Frau Kilz, auf den ersten oberflächlichen Blick ist dies richtig. Man muss die aktuellen Zahlen aber auch richtig in Relation zum Gesamtzusammenhang sehen. Und so scheint es nur so, als könne man dies alles der Regierung anlasten, denn etwa 150.000 Menschen sind alleine im letzten Quartal freigesetzt worden, und Sie wissen, dass in eben diesem Quartal ein weltweiter Konjunkturabschwung eingesetzt hat. Davon bleiben wir hier in Deutschland natürlich nicht verschont.«

Kilz: »Gut, Herr Schlaumeier. Steigende Arbeitslosigkeit ist aber keine Naturkatastrophe. Die Regierung setzt doch die Rahmenbedingungen ...«

Schlaumeier: »Ja, auch das ist richtig. Sie wissen jedoch auch wie jeder Fernsehzuschauer, dass wir ein Erbe übernommen haben, das uns die Vorgängerregierung hinterlassen hat. Zu ihrer Zeit war die Arbeitslosenquote kein einziges Mal unter die 4-Millionen-Marke gesunken!«

Kilz: »O.k. Sie sind aber vor zwei Jahren damit angetreten, genau dies zu ändern. Und es ist Ihnen auch noch nicht gelungen – ganz im Gegenteil.«

Mittelspiel:

Schlaumeier: »Aber da darf ich dann doch darauf verweisen, dass die von uns auf ganzer Breite eingeleiteten Maßnahmen zur Arbeitsmarktreform und zur Entkrustung des Sozialstaates schon auch ihre Zeit benötigen, um wirksam zu werden. Außerdem, wie bereits vorgetragen, bläst uns ein kalter konjunktureller Wind ins Gesicht.«

Kilz: »Die Vorgängerregierung hatte jedoch auch eine Rezession zu verkraften ...«

Schlaumeier: »Nun, ich spreche jetzt auch nicht von Rezession. Wissen Sie, jetzt von einer Rezession zu sprechen wäre schlichtweg unverantwortlich, da Sie ja wissen, wie wichtig Psychologie in der Wirtschaft und in der Wirtschaftspolitik ist. Ich warne deshalb auch davor, heute das Gespenst der Rezession an die Wand zu malen. Auch volkswirtschaftlich, also wissenschaftlich gesehen, haben wir im Augenblick noch überhaupt keinen Grund, von Rezession zu reden!«

Kilz: »Fakt ist aber, dass wir weiter über der 4-Millionen-Marke bei der Arbeitslosigkeit liegen!«

Schlaumeier: »Ich beklage das genau wie Sie, jeder Arbeitslose ist ein Arbeitsloser zu viel. Doch eines steht auch fest: Hätten wir die Strukturreformen nicht eingeleitet, dann befänden wir uns heute vielleicht sogar über der 5-Millionen-Marke!«

Kilz: »Aber das ist doch jetzt sehr spekulativ und, gestatten Sie mir, Herr Staatssekretär, Wahlkampf. Immerhin finden ja am kommenden Sonntag Landtagswahlen in XY statt.«

Endspiel:

Schlaumeier: »Nein, ich bitte das mit allem Nachdruck nicht als Wahlkampf misszuverstehen. Es geht vielmehr darum, darauf hinzuweisen, dass wir uns inmitten eines gravierenden und sehr dramatischen Strukturwandels befinden, der aber nicht nur Risiken, sondern auch Chancen mit sich bringt. Ich bin sogar ganz überzeugt davon, dass die neuen Märkte und die modernen Branchen diese Chancen auch noch nicht annähernd ausgeschöpft haben. Die sich jetzt noch in Arbeitslosigkeit befindenden Menschen werden im Dienstleistungssektor neue Möglichkeiten finden! Dafür arbeiten wir.«

Kilz: »Aber jetzt sind diese Menschen erst einmal arbeitslos und Ihre Maßnahmen greifen noch nicht ...«

Schlaumeier: »Ja, aber wie gesagt, das können Sie uns nach so kurzer Zeit nicht zum Vorwurf machen und noch einmal: Eine Krise muss in erster Linie als Chance begriffen werden – erstens als Chance, aus dieser Krise gestärkt herauszukommen, und zweitens als Chance, mit Dingen aufzuräumen, die die Krise mitausgelöst haben.«

Sie kennen diese Situation: Alltagskost in Politik- und Nachrichtensendungen. Wenn ein Politiker bzw. eine Politikerin (Frauen sind, gestatten Sie mir diese Bemerkung, qua Geschlecht nicht die besseren oder ehrlicheren Menschen oder erinnern Sie sich nicht mehr an eine gewisse Lady Thatcher?) mit schlechten wirtschaftlichen Daten konfrontiert wird, ist dies für einen in Prestigekategorien denkenden Parteipolitiker das Schlimmste. In 99 Prozent aller Fälle hilft jetzt nur noch eines: Herunterspielen nach dem Motto: »Alles halb so wild« bzw. »O.k., das ist nicht schön, aber wir haben nicht die Kontrolle verloren ...«

Dr. Schlaumeier geht systemimmanent deshalb ganz richtig vor. Betrachten Sie die Hervorhebungen in seinen Antworten:

- Auf den ersten oberflächlichen Blick: Journalisten neigen als »Generalisten« doch wohl dazu, will der Staatssekretär den Fernsehzuschauern vermitteln, nicht so genau hinzuschauen und wegen Quote und Auflage alles etwas oberflächlich zu betrachten ...
- deshalb muss die Sache schon richtig in Relation gesehen werden, das heißt: der Politiker muss die Zusammenhänge erklären ...
- Und so scheint es auch nur so, als sprächen die Zahlen gegen die Regierung ...
- Ferner muss er, der Herr Staatssekretär, moralische Kategorien zurechtrücken: Die Journalistin sollte gefälligst nicht nur von »Arbeitslosen« sprechen – hinter diesem Begriff befinden sich doch Menschen, das kann man doch nicht so einfach übergehen! ...
- Und damit sich alles etwas harmloser anhört, sind diese Menschen auch nicht einfach in Arbeitslosigkeit geschickt worden – Gott bewahre! Nein, Sie dürfen sich als freigesetzt betrachten; »frei« – da schwingen die positiven Begriffe »Freiheit« und »Freizeit« mit (gerne wird das Wörtchen »freigesetzt« auch von unternehmerischer Seite im Rahmen von »strukturellen Anpassungsmaßnahmen« benützt) ...
- Der weltweite Konjunkturabschwung schließlich ist ein scheinbares Sachargument und ein Entlastungsangriff, denn Deutschland gehört zur Welt und kann nicht alleine verantwortlich gemacht werden (das Vorstandsmitglied eines Unternehmens würde hier eventuell auf die Lage in der Branche oder dem Sektor oder auf die schlechten wirtschafts- und sozialpolitischen Rahmenbedingungen verweisen) ...
- Da der Staatssekretär aber ein geduldiger und wohlwollender Zeitgenosse ist, bleibt er selbst bei einer ungerechten Journalistin, die ihn wohl aus sehr durchsichtigen und tendenziösen Gründen abstempeln will, außerordentlich fair und sagt: » ... auch das ist richtig« – nicht aber ohne darauf zu verweisen, dass nur der Halbsatz richtig ist ...
- wie ja jeder Fernsehzuschauer weiß (deshalb: »Vorsicht Frau Kilz – jeder außer Ihnen weiß das wohl) ...

- vor allem weiß das jeder, der parteipolitisch fair sein möchte und deshalb nicht einfach die schlechten Leistungen der Vorgängerregierung unter den Tisch kehrt ...
- und auch die Zeit ist ein wichtiger Faktor, der relativiert ...
- und auf die widrigen Arbeitsbedingungen der Regierung muss auch verwiesen werden, die selbst bei Wind und Wetter für die Menschen arbeitet, zumindest aber bei einem kalten konjunkturellen Wind ...
- für den Begriff Rezession ist Schlaumeier direkt dankbar, denn er ermöglicht ihm, sittliche und fachliche Kompetenz zu beweisen: Erstens ist es schier unverantwortlich (da man doch weiß, und deshalb warnt er nachdrücklich vor einem Gespenst – ängstige dich nicht Deutschland, ich bin da und kämpfe ...) und zweitens ist es wissenschaftlich gesehen ja, ja, er weiß, wovon er redet und ist nüchtern und sachlich nur um die Fakten bemüht) ...
- dann gestattet sich Schlaumeier eine kräftige Prise Emotion, da Tante Kilz immer noch auf der 4-Millionen-Marke herumreitet, beklagt (so menschlich ...) das Schicksal, vermittelt den Eindruck, dass er sich intensiv in die Situation von Arbeitslosen hineinversetzen kann, und rezitiert den oft gehörten Satz »Jeder Arbeitsloser ist ein Arbeitsloser zu viel.«
- und da schon von Gespenstern die Rede war, malt der Staatssekretär ein richtig großes Gespenst an die Wand: das Gespenst von der 5-Millionen-Marke, das die amtierende Regierung Gott sei Dank noch verhindern konnte (wäre das nicht erst richtig schlimm?!) ...
- aber es wird nicht dazu kommen, wenn man ihn und seine Kollegen nur richtig unterstützt und Verständnis zeigt; deshalb bittet er mit allem Nachdruck (höflich und fair wie er ist), ihm nicht Unrecht zu tun und ihn eventuell misszuverstehen ...
- und um endgültig das von der Journalistin falsch gezeichnete Weltbild zurechtzurücken: Schuld (wenn man überhaupt davon sprechen kann) am Misserfolg der Regierung (wenn man überhaupt

davon sprechen kann) hat nicht die Regierung, sondern der gravierende und sehr dramatische Strukturwandel ...

- die Regierung ist aber mit uns und zeigt uns sogar, wie wir richtig interpretieren: Nicht die Risiken sind es, die uns ängstigen dürfen, sondern die Chancen, die uns optimistisch in die Zukunft blicken lassen sollen ...
- und zum Schluss spielt Schlaumeier noch einmal die Karte Geduld (nach so kurzer Zeit) und geht mit dem großen Wort »Chance« aus dem Bild.

Diese, zugegeben, boshaft überspitzte Analyse der Strategie Schlaumeiers sollte vor allem eines deutlich machen. Wer mit dem Rücken an der Wand steht, muss kämpfen – und zwar mit harten Geschützen. Und so wechseln sich in den Antworten des Staatssekretärs durchaus rationale Gegenargumente und entlastende Interpretationen der Lage mit emotionalen Appellen und rabulistischen Einlassungen ab.

➔ **Schachmatt.**

Strategieschema:

1. Seien Sie spitzfindig und bedienen Sie sich der Rabulistik (Haarspalterei, Wortverdrehung).
2. Sezieren Sie Begriffe und führen Sie den Beweis, dass dieser oder jener Begriff nicht in den entsprechenden Zusammenhang passt.
3. Seien Sie argumentativ wendig und lassen Sie sich keinesfalls festlegen. Werden Sie zum »Pudding an der Wand, den man nicht festnageln kann.«

4. Benutzen Sie emotionale Argumente und appellieren sie zugleich an die Vernunft Ihres Gesprächspartners.
5. Verweisen Sie darauf, dass die Dinge in den »richtigen Zusammenhang« gestellt werden sollten.
6. Zweifeln Sie die Fairness des Gesprächspartners an.
7. Starten Sie Entlastungsangriffe und verweisen Sie auf »noch schlimmere« Fälle oder dramatischere Situationen.

12. Die Strategie der Begriffsüberhöhung

Diese Strategie kann sowohl zum Angriff als auch zur Abwehr eingesetzt werden. Hier geht es darum, einen einzelnen Begriff aus dem Kontext der Gesprächssituation herauszulösen und ihn zu überhöhen, also auf ihm »herumzureiten«. Dabei kann dieser Begriff dazu dienen, sich über den Argumentationszusammenhang des rhetorischen Gegners lächerlich zu machen oder ihn gezielt – sozusagen mit den eigenen Waffen – in die Ecke zu treiben. Das Ergebnis der Strategie sieht in beiden Fällen ähnlich aus.

Eröffnung:
Bei der Firma Meierings ist Sparen angesagt. Geschäftsleitung und Abteilungsleiter sitzen zusammen, um die Budgetpläne für das kommende Geschäftsjahr zu diskutieren und zu verabschieden.

Geschäftsführer Werding eröffnet das Meeting: »Meine Damen und Herren, Sie wissen alle, worum es diesmal geht. Wir müssen, so Leid es mir tut, den Rotstift ansetzen. Ich bin zwar kein Freund der Rasenmähermethode, aber heute haben wir wohl keine andere Möglichkeit, als alle Ausgaben um fünf Prozent zu kürzen. Treffe ich dabei auf Ihr Verständnis?«

Alles nickt. Bis auf Ewald Klose, Chef der Marketingabteilung von Meierings. Klose: »Herr Werding, prinzipiell bin ich damit einverstanden. Ich verkenne die Lage nicht, in der wir uns befinden und letztlich unsere gesamte Branche. Trotzdem plädiere ich heute für eine Ausnahmeregelung beim Marketingbudget, da wir, so denke ich, gerade in der augenblicklichen Situation antizyklisch denken müssen.«

Mittelspiel:
Werding legt die Hände vor sich auf den Tisch, betrachtet seine gepflegten Fingernägel und tut amüsiert: »Antizyklisch, Herr Kollege. Was heißt das denn – antizyklisch denken?«

Alle Augen richten sich auf Klose.

Klose: »Nun, ich denke, Sie wissen, was ich meine! Es geht doch darum, nicht ausgerechnet an der Stelle zu kürzen, die für den Profit sorgt ...«

»Na ja, na ja,« fährt Gerber, Chefkonstrukteur von Meierings, dazwischen: »Für den Profit sorgt ja wohl nicht nur die Werbung, sondern erst einmal die Konstruktion und die Produktion. Vermarktet werden muss natürlich, zunächst einmal müssen aber die Ideen und Produkte da sein, die Sie anschließend vermarkten können.«

Klose rollt mit den Augen und setzt zu einer Erwiderung an.

Werding hebt die Hände: »Meine Herren, wir müssen nicht streiten! Nur, Ihre Verteidigung der antizyklischen Strategie, Kollege Klose, ist schon sehr interessant. Woher wissen Sie denn, dass die angespannte Lage, in der wir uns augenblicklich befinden, konjunkturell bedingt ist? Ich habe eher den Eindruck, dass die Situation strukturell bedingt ist ...«

Endspiel:

Klose: »Ich gebe ja auch nicht ausschließlich der konjunkturellen Lage die Schuld, Herr Werding. Ich meine lediglich, dass es in der momentanen Lage schädlich wäre, ausgerechnet am Marketingbudget drastisch zu sparen!«

Werding: »Ach wissen Sie, antizyklisches Denken ist so eine Sache. Damit kann man alles, aber auch nichts erklären. Was heißt denn antizyklisches Denken? Das heißt doch nichts anderes, als dass man – gerade wenn man den Begriff nicht im konjunkturellen Gesamtzusammenhang sieht, wie Sie selbst sagen – willkürlich Zyklen festlegt und dann so tut, als ob es sich dabei um etwas Gesetzmäßiges handeln würde. Unternehmenspolitische Entscheidungen haben aber meist wenig mit der Volkswirtschaftslehre zu tun, Herr Kollege, und davor retten uns bedauerlicherweise auch keine Modebegriffe und vermeintlichen Totschlagsargumente!«

Klose: »Ich kann jetzt nicht mit Ihnen in eine fundierte Diskussion über den Begriff antizyklisch gehen ...«

Werding, väterlich: »Sehen Sie, Herr Klose. Das denke ich doch auch! Wenn Sie von antizyklischem Verhalten sprechen, meinen Sie doch in Wirklichkeit etwas ganz Profanes. Sie meinen, dass wir Ihre Abteilung von unseren wirklich sehr notwendigen Sparplänen ausnehmen sollen. Und das, Herr Kollege – antizyklisch hin, antizyklisch her – geht im kommenden Geschäftsjahr einfach nicht.«

Klose versucht es zum letzten Mal: »Aber berücksichtigen Sie doch bitte die geplante Werbekampagne für ...«

Werding: »Herr Kollege, Ihr Verhalten ist jetzt wirklich antizyklisch! Jeder hier am Tisch weiß, dass der Rotstift angesetzt werden muss – und zwar bei jeder Abteilung! Das ist, mit Verlaub gesagt, der Zyklus!«

Das Spiel für Klose ist aus. Geschäftsführer Werding hat sehr geschickt den an sich wissenschaftlich fundierten und in einer Fachdiskussion durchaus positiv belegten Begriff des antizyklischen Verhaltens gegen Klose gewendet und ihn durch eine dramatische Überhöhung beinahe ad absurdum geführt.

➔ **Schachmatt.**

Strategieschema:

1. Sie wollen in einer Gesprächs- bzw. Verhandlungssituation eine Argumentationslinie durchsetzen bzw. ein bestimmtes Gesprächsergebnis verhindern.
2. Sie lassen den Gesprächsgegner argumentieren und hören ihm sehr aufmerksam zu.
3. Sie isolieren einen Ihnen als geeignet erscheinenden Begriff, der vom Gesprächsgegner verwendet wird, zunächst gedanklich und »spielen« mit ihm.
4. Sie setzen diesen Begriff in einen anderen Zusammenhang oder weiten den Begriff aus.

5. Sie überhöhen, also überspitzen, den Begriff und machen den Gesprächsgegner in dem anderen Zusammenhang unglaubwürdig.
6. Sie reiten auf dem Begriff herum und lassen nicht zu, dass der Gesprächsgegner die Debatte in eine andere Richtung lenkt.

13. Die Strategie des »Nicht-zuständig-Sein-für ...«

Sicher widerstrebt Ihnen eine Gesprächssituation oder eine Debatte, in deren Verlauf Sie erkennen müssen, nicht auf dem neuesten Stand der Dinge zu sein. Mir auch. Doch es kommt vor. Wenn andere uns etwas voraus haben, gibt es zumeist drei Alternativen:

1. Wir tun so, als wüssten wir genau Bescheid, und versuchen, einen intelligenten und informierten Eindruck zu machen und das böse Spiel irgendwie ohne größere Schäden an Geist und Seele zu überleben, oder
2. wir sind so ehrlich und gestehen ein, dass wir »auf dem falschen Fuß erwischt« worden sind, oder aber
3. wir versuchen unser Gesicht vor den anderen und uns selbst zu bewahren und greifen zur rhetorischen Strategie vom »Nicht-zuständig-Sein-für ...«

Die erste Handlungsalternative kann schief gehen und in einem imagemäßigen Fiasko enden. Wenn Sie Chef sind, vielleicht ein großer Boss und deshalb bis zu einem gewissen Grad unantastbar – o.k., dann kann es gut gehen. Vielleicht sind Ihre »Untergebenen« ja schon an diese Attitüde gewöhnt und Sie führen ein so hartes Regiment, dass es niemand wagt nachzufragen und hinter Ihre Fassade zu blicken. Wenn Sie jedoch in einem Meeting mit Gleichrangigen sitzen – Vorsicht! Was machen Sie beispielsweise, wenn Ihr Lieblingsfeind Huber oder Meier Ihnen ausgerechnet heute auf den Zahn fühlt?

Die zweite Handlungsalternative zeugt von ungeheurer Souveränität, die Sie sich jedoch auch nur dann leisten sollten, wenn Sie mindestens eine Hierarchiestufe über den anderen Sitzungsteilnehmern stehen oder aber das unverdiente Glück haben, in einem Team zu arbeiten, in dem das Vertrauen zueinander und der Respekt voreinander so groß ist, dass Sie sich und den anderen auch einmal eingestehen können, nicht immer »gut drauf« und »voll fit« zu sein. Glückwunsch, wenn es so ist!

In allen anderen Fällen sollten Sie sich für »nicht zuständig« erklären. Sie glauben gar nicht, wie effektiv diese infame Strategie Sie vor vielen Unannehmlichkeiten schützen kann – allerdings unter der Voraussetzung, dass Sie zu zwei Dingen in der Lage sind: mit feiner Ironie zu spielen und sehr überzeugend den Allwissenden zu mimen.

Eröffnung:
Montagmorgen, 8 Uhr. In einer Geschäftsführerkonferenz sitzt Magnus Rebhagen reichlich unbequem auf einem der durchgesessenen Lederstühle im wie immer zu stark klimatisierten Konferenzsaal. Heute wird das komplizierte Projekt »V« durchgekaut. Rebhagen hatte die kopierten Unterlagen zwar am vergangenen Freitag mit nach Hause genom-

men und am Wochenende in seinem Ferienhaus in Österreich durchgelesen – aber lediglich »quer«.

Wirklich eine Malaise! Ausgerechnet am Samstag hatte ihn seine Tochter mit der haarsträubenden Idee überrascht, das Abitur zu schmeißen und gemeinsam mit einer Freundin lieber zu einem Indientrip aufbrechen zu wollen. Beide wüssten nicht mehr, wozu sie das Abi eigentlich machen sollten. Was der ganze Stress denn überhaupt solle, tönte seine Tochter Franziska, und außerdem seien die Perspektiven nach dem »doofen Abi« doch nur »besch...«. Man wolle ja schließlich nicht so enden wie die Väter, die sogar am Wochenende ihre verwünschten Firmenunterlagen mitnähmen und nichts Besseres zu tun hätten, als ständig zu arbeiten.

»Tja, hätte ich nur ...,« denkt Rebhagen und versucht den Ärger mit seiner Tochter wenigstens für die Dauer des Meetings zu verdrängen. Rebhagens Vorteil ist es, ein Pokerface und die dazu nötige Chuzpe zu besitzen. Er ist bekannt als »der Intellektuelle« im Kreise der Geschäftsführer – belesen, kunstsinnig, weltmännisch, weil viel gereist, und immer etwas über den Dingen schwebend. Seine augenblicklich mit ihm hadernde Tochter würde ihn »cool« nennen. Nur wenige in der Firma »lieben« ihn. Um Sympathie geht es Rebmann aber auch nur in den wenigsten Fällen. Manche halten ihn deshalb für arrogant.

Gleichwohl kann sich auch er diese Haltung nur leisten und sein Image nur sorgsam pflegen, weil er beinahe ausnahmslos der am besten Informierte am Konferenztisch ist. Er sagt nicht viel. Was er aber sagt, trifft den Punkt.

Nick Fechter analysiert gerade die zur Abwicklung von Projekt »V« erforderliche Produktionskapazität und schlägt vor, »um den maximalen Auslastungsgrad der Anlagen zu erreichen«, einige wesentliche Herstellungsschritte im Zweigwerk ausführen zu lassen. In puncto Logistik und Workflow habe Kollege Rebhagen qua Zuständigkeit wohl einige Vorschläge zu machen ...

Mittelspiel:

Rebmann schweigt einige Sekunden und blickt bedeutungsvoll und leicht amüsiert in die Runde: »Meine Herren, das ist eine Herausforderung für unsere Jungstars in der Firma!«

Fechter: »Aber doch nicht bei diesem Projekt, Herr Rebmann. Bitte verzeihen Sie!«

Rebmann schweigt wieder einige Augenblicke, blickt dann Fechter geradewegs in die Augen und entgegnet schmunzelnd: »Herr Kollege, warum denn nicht? Wir Altvorderen sollten doch nicht immer alles an uns reißen, sondern auch der Jugend eine Chance lassen.«

Endspiel:

Max Seifert, zuständig für Produktmanagement und Marketing, eilt Fechter zu Hilfe: »Ich weiß nicht, Herr Rebmann, ob gerade dieses Projekt dazu geeignet ist, daraus eine Bewährungsprobe für die Jungen zu machen. Das erscheint mir dann doch ein bisschen zu gewagt ...«

Rebmann atmet hörbar ein und entlässt die Luft stoßweise aus den Lungen: »Haben Sie denn kein Zutrauen zu unserem Nachwuchs, meine Herren? Wozu sind wir denn so stolz auf unsere betriebsinterne Aus- und Weiterbildung, wenn wir unseren jungen Leuten im Falle eines Falles dann doch nichts zutrauen?«

Seifert kontert: »Das wundert mich aber schon, dass gerade Sie, mit Verlaub, das sagen. Sie haben doch sehr für denn Auftrag gekämpft ...«

Rebmann: »Sehen Sie Herr Kollege, ich kann doch nicht für alles zuständig sein.« Mit einem ironischen Lächeln fügt er hinzu: »Ich weiß ja nicht, wie Sie das sehen, aber jeder von uns ist ja wohl ersetzbar, und ich erinnere mich noch ziemlich genau an meine Anfängerjahre! Ich hätte gerne die Chance gehabt, in verantwortlicher Position für ein Projekt dieser Größenordnung zu arbeiten. Aber wie mir scheint, verehrte Kollegen, ist bei Ihnen inzwischen so viel Zeit verstrichen, dass Sie sich an Ihre Ambitionen in jungen Jahren gar nicht mehr erinnern können. Ist das Feuer denn so schnell erloschen?«

Grinsen am Tisch.

➔ **Schachmatt.**

Strategieschema:

1. Sie wollen sich in einer unvorbereiteten Situation keine Blöße geben bzw. es fehlen Ihnen stichhaltige Gegenargumente in einer Debatte.
2. Der Gegner argumentiert.
3. Sie erklären sich für »nicht zuständig« und haben den Überraschungseffekt auf Ihrer Seite.
4. Der Gegner argumentiert weiter.
5. Sie lassen ihn mit ironischen und überspitzten Argumenten ins Leere laufen.

14. Die Strategie der unerfüllbaren Forderung

Die manipulative rhetorische Strategie der unerfüllbaren Forderung ist nichts für Anfänger, sondern sollte nur von »Fortgeschrittenen« benützt werden – der Schuss könnte ansonsten nach hinten losgehen (»Wer anderen eine Grube gräbt ...«). Sie darf nicht zu oft angewendet werden, sonst wird man unglaubwürdig; der Rhetoriker sollte sich hervorragend in der Sache auskennen, um die es geht, und die Strategie erfordert einen kühlen Kopf.

Eröffnung:
Vertriebschef Frank Bauer ist ein Fuchs, ein gewiefter Taktiker, diskussionserprobt nach unzähligen Meetings und wichtigen Besprechungen und mit einem Instinkt gesegnet, der seinesgleichen sucht. Etwas vormachen kann ihm keiner, ziemlich rasch erfasst er den Kern einer Persönlichkeit, mit der er es zu tun hat und verblüffend schnell analysiert er die Schwächen des Gegenübers. Frank Bauer ist der geborene Psychologe, der seine Erkenntnisse aber nicht zur Therapie verzweifelter Seelen nutzt, sondern zur Durchsetzung der eigenen Ziele. Frank Bauer ist tough – und intelligent.

Heute morgen steht ein Abteilungsmeeting auf dem Programm. Herbert Reiter, jung, ehrgeizig und selbstbewusst, meldet sich zu Wort:

»Herr Bauer, mir ist natürlich klar, dass wir uns zur Zeit in einer schwachen Konjunkturphase befinden, keine gute Zeit, äh, für eine außerplanmäßige Beanspruchung der Etatreserve. Trotzdem plädiere ich dafür ...«

»Wofür, Herr Kollege?«

»Nun, ich denke, es ist genau jetzt die Zeit für eine intensive Marktforschung.«

Schon zu Beginn des Meetings war Bauer aufgefallen, dass Reiter reichlich übernächtigt und angestrengt aussah. Er vermutete, schließlich kennt er seine Pappenheimer, dass der Junge sein Wochenende mit einer ziemlich weitgehenden und analytisch inspirierten Konzeption der Vertriebsaktivitäten verbracht hatte. Im Prinzip schätzte er Reiters Leistung und Motivation und mochte ihn zudem menschlich. Reiters Vorschlag jetzt – zur Unzeit – konnte er jedoch keineswegs gut heißen. Was Reiter und auch kein anderer in der Abteilung wusste: Es stand alles in allem überhaupt nicht gut mit der Firma, die Abteilungsetats mussten demnächst noch sehr viel stärker reduziert werden. Auftragslage mies, Personalkosten zu hoch, Investitionen kaum noch möglich, Ertragssituation nachgerade lächerlich: das Unternehmen balancierte am Abgrund, es war gut möglich, dass am Ende des laufenden Geschäftsjahrs eine dicke rote Zahl herauskam. Nein, dies war nicht die Zeit für außerplanmäßige Mehrausgaben.

Darüber hinaus wusste Bauer aus jahrzehntelanger Erfahrung: Marktforscher und Consultants haben in konjunkturellen Schwächephasen Hochkonjunktur. Doch die satten Beträge, die ihre Beratungsleistungen kosteten, mussten betriebswirtschaftlich gesehen jeweils in Relation zum Nutzen gestellt werden. Und hier fielen die Ergebnisse fast immer recht bescheiden und zu Ungunsten der Kosten aus.

Mittelspiel:

Nachdem er sich das Konzept Reiters in Grundzügen hatte erläutern lassen kam er gleichwohl zum Schluss, dass er es nicht mir nichts dir nichts vom Tisch fegen wollte und konnte. Deshalb sagte er:

»Wissen Sie, Herr Reiter, ich bin nicht gerade ein Freund von Marktforschung in solchen Zeiten. Sie kostet meistens sehr viel Geld und bringen selten das, was man sich vielleicht davon erwartet. Ich will Ihren Vorschlag aber nicht grundsätzlich ablehnen, da ich glaube, dass

Ihre Intentionen auf die richtigen Käufergruppen abzielen. Deshalb ein Gegenvorschlag: Bringen Sie mir einen Forschungsansatz, der eine Vergrößerung des Käuferpotentials um sagen wir zehn Prozent implementiert.«

Reiter stutzt: »Herr Bauer, mit allem Respekt, Marktforschung ist doch dazu da, die Gegebenheiten zu analysieren – Konsumgewohnheiten, strukturelle Veränderungen innerhalb der Käuferschichten, die Rahmenbedingungen von Branche und Konjunktur etc. ...«

Bauer: »Gut. Marktforschung lohnt sich aber doch nur dann, wenn Kenner der Materie, die nicht wie wir manchmal mit Betriebsblindheit geschlagen sind, neue Absatzmöglichkeiten ermitteln. Welche Rechtfertigung soll es ansonsten für Marktforschung geben? Seien Sie mir nicht böse, ich muss aber bei Betrachtung der Situation, in der wir uns etatmäßig und allgemein wirtschaftlich befinden, darauf bestehen. Wir wollen und können uns kein Stochern im Nebel erlauben.«

Endspiel:

Kein Wunder – Reiter ist nicht in der Lage, ein Marktforschungsunternehmen zu recherchieren, das Bauers Anforderungen erfüllen könnte. Die Annahme, dass ein Consulter sich auf harte Zahlen einlassen könnte, wäre auch nur allzu albern. Von prozentualen Wahrscheinlichkeiten ist die Rede, von »möglichen Potenzialen«. Handlungsanweisungen hingegen lesen sich meist so wie Wettervorhersagen, etwa, dass es eventuell ratsam sein könnte, den Regenschirm nicht zu Hause zu lassen.

➔ Schachmatt.

Strategieschema:

1. Sie werden mit einer Forderung konfrontiert, der Sie keinesfalls nachkommen können bzw. wollen.
2. Sie wollen die Forderung jedoch nicht einfach vom Tisch fegen.
3. Sie signalisieren prinzipielle Zustimmung – jedoch nur unter einer bestimmten Voraussetzung.
4. Diese Voraussetzung kleiden sie in eine Forderung, die von der Gegenseite Ihrer Erwartung nach nicht erfüllt werden kann.

15. Die Strategie des »Vergessens«

»Viele Dinge regeln sich ganz von alleine ...« Das ist nicht nur die Devise mancher harmoniesüchtiger Zeitgenossen, die schwelenden Konflikten und anstehenden Entscheidungen gerne aus dem Weg gehen, sondern auch die Strategie von begabten manipulativen Rhetorikern, die Entscheidungen aus taktischen Gründen verschieben wollen – etwa, weil sie noch Zeit zur Analyse der Lage benötigen oder weil sie aus prinzipiellen Erwägungen heraus einen Konflikt nicht lösen möchten. Ihr Motto: aushungern und weichkochen.

Diese Taktik gehört fraglos zu den Abwehrstrategien und kann in vielen Fällen sehr effizient sein und bald zum erwünschten Ergebnis führen. Voraussetzung ist allerdings, dass sich der, der die Strategie des »Vergessens« anwendet, in einer hierarchisch relativ hohen bzw. starken Position gegenüber dem/der Fordernden befindet. Mit anderen Worten: Je geringer das Risiko einer Sanktionsmöglichkeit für das »Vergessen« ist, desto größer sind die Erfolgsaussichten für das Aufgehen der Taktik.

Eröffnung:
Charles Sauter besitzt Menschenkenntnis. Als er seine neue Abteilung aufbaute, war ihm klar, dass sich unter den 23 Mitarbeitern, die er übernommen hatte, mindestens drei befanden, die selbst das Zeug zur Führung des Teams mitbrachten.

Die Jungs waren top und beherrschten ihr Handwerkszeug. Das war die gute Seite der Medaille. Die weniger gute Seite: Sauters Vorgänger war ein Chef mit betont lockerem Führungsstil gewesen, einer, der die Zügel nicht immer straff in der Hand halten wollte und möglichst viele Aufgaben delegierte. So weit, so gut. Was er dabei allerdings übersehen hatte: Die drei Youngster des Teams – Meinbeck, Ratingen und Burgsmüller – hatten ihre Freiheiten weidlich ausgenützt und die Maxime divide et impera des Chefs eher zu den eigenen Gunsten ausgenutzt. Das Kleeblatt hatte in der Abteilung geherrscht und der schwache Chef hatte geteilt. So war Sauter zu seinem Job gekommen – irgendwann hatte sein Vorgänger jede Autorität verloren.

Sauter war deshalb vom ersten Tage an bewusst, dass er Flügel würde stutzen müssen. Auf der anderen Seite durfte er die größten Leistungsträger der Abteilung nicht demotivieren und musste im Gegenteil sogar Perspektiven und weitere Aufstiegsmöglichkeiten aufzeigen.

Das erste von Sauter anberaumte Meeting verlief vielversprechend. Er entwickelte seine Vorstellungen und verteilte Aufgaben und Verantwortungsbereiche. Meinbeck, Ratingen und Burgsmüller stellten eine Masse von Fragen, rückten die eigenen Leistungen und Erwartungen ins rechte Licht, schienen mit ihren Aufgaben und den übertragenen Kompetenzen zunächst aber zufrieden.

Mittelspiel:

Keine zwei Wochen später dreht sich der Wind und Burgsmüller bittet um ein Gespräch beim Chef.

Burgsmüller: »Ich würde mit Ihnen gerne noch einmal das Projekt Hamburg besprechen ...«

Sauter: »Okay.«

Burgsmüller: »Wissen Sie, ich sehe da einige Probleme auf uns zukommen, wenn Sie dem Zulieferer hier zu viel Freiraum lassen. Ich denke, wir sollten das Projekt ganz an uns ziehen, um Schwierigkeiten bei der Terminabwicklung gleich von vornherein auszuschließen.«

Sauter: »Warum befürchten Sie Terminprobleme? Haben sie schlechte Erfahrungen mit dem Zulieferer gemacht?«

Burgsmüller: »Nun, nicht direkt. Aber, sehen sie, bei einem Projekt dieser Größenordnung sollten wir uns keine Experimente erlauben.«

Sauter: »Ja, das sehe ich auch so. Was schlagen Sie vor?«

Burgsmüller: »Ich habe noch Kapazitäten. Geben Sie mir die Zuständigkeit für Hamburg doch ganz ...«

Sauter: »Sie überraschen mich ein bisschen, Herr Burgsmüller. Aber okay, lassen sie mich die Sache überdenken.«

Burgsmüller bedankt sich und geht.

Eines weiß Sauter schon jetzt: » Die Zuständigkeit für Hamburg wird er Burgsmüller keinesfalls übertragen. Erstens hat dieser mit der Abwicklung der anderen Projekte genug am Hals und zweitens kriegt er denselben wohl nicht voll. Burgsmüller scheint der Ehrgeizigste des Kleeblatts zu sein und die Chance nutzen zu wollen, die beiden Konkurrenten an Einfluss und Prestige frühzeitig abzuhängen.

Die Sache ist also klar. Trotzdem steckt Sauter in der Zwickmühle: Verweigert er Burgsmüller die Zuständigkeit, hat er einen der »jungen Wilden« von Anfang an gegen sich – keine schöne Perspektive mit allen möglichen negativen Folgen für das Klima im Team, die zu kalkulieren sind. Würde er ihm die Zustimmung trotz aller Bedenken erteilen, wäre es um das Klima in der Abteilung gewiss ebenso nicht gerade gut bestellt: Meinbeck und Ratingen kämen sich zurecht übervorteilt vor und er hätte Burgsmüller zur Unzeit in eine bessere Position gebracht. Eine dritte Alternative, die Sauter erwägt, verwirft er nach eigenem Nachdenken ebenso. Die gesamte Zuständigkeit für das Projekt Hamburg allen drei gemeinsam zu übertragen wäre aufgrund der dann mit Sicherheit aufflammenden Rivalitäten nicht besser. Außerdem wäre Burgsmüller auch dann sauer.

Sauter beschließt also den Vorfall zu »vergessen«. Keine Lösung wäre zufriedenstellend, am wenigsten aber die von Burgsmüller geforderte Variante.

Endspiel:

Sauters Sekretärin steht in der Tür und zupft genervt an ihrer Frisur.

»Herr Burgsmüller schon wieder, Chef. Er würde gerne nur eine Minute zu ihnen. Was soll ich sagen?«

Okay. Burgsmüller hatte innerhalb der Woche, die auf seinen Vorstoß bei Sauter gefolgt war, drei Mal versucht ihn zu erreichen und nach dem Ergebnis seines »Überdenkens« gefragt. Drei Mal hatte sein Chef ihn abwimmeln lassen und Termine oder anderweitig Unaufschiebbares vorgetäuscht. Jetzt war es an der Zeit, ihn zu empfangen.

Sauter: »Ah, Herr Burgsmüller. Worum geht es?«

Burgsmüller erstaunt und leicht pikiert: »Herr Sauter, es geht um das Projekt Hamburg. Sie wissen doch ...«

Sauter: »Oh je, das habe ich wirklich verschwitzt, Herr Kollege. Oh, das tut mir Leid, aber wissen Sie, die vom Vertrieb halten mich zur Zeit ganz schön auf Trab.«

Burgsmüller: »Haben sie schon über die Sache nachgedacht?«

Sauter: »Nein, ich sagte doch, die Zeit ... Ich werde aber bestimmt noch darüber nachdenken.«

Sauter muss das Spiel noch einmal wiederholen bis Burgsmüller genervt aufgibt. Klar, er ist zornig und erzählt seinem Freund abends beim Bier, dass man ihn »wohl auf die Schippe« nehme. Er werde aber schon noch erreichen, was er wolle. Dennoch: Sauter hat erstens eine Eskalation im Verhältnis zu Burgsmüller vermieden, zweitens den Frieden in der Gruppe der nach vorne preschenden Leistungsträger gewahrt und drittens seinen Führungsanspruch und die alleinige Entscheidungskompetenz in wichtigen Angelegenheiten gegenüber dem Jüngeren deutlich unterstrichen. Denn Burgsmüller hatte die Botschaft, die hinter dem »Vergessen« signalisiert wurde, schon nach dem zweiten abgewimmelten Telefongespräch verstanden. Den kleinen Machtkampf wollte er jedoch nicht allzu schnell aufgeben.

Was aber tun, wenn der Gegner, taktisch klug, Entscheidungen einfach »vergisst« und weder ein böses noch ein klares Wort gefallen ist?

➔ Schachmatt.

Strategieschema:

1. Wenn Sie eine Entscheidung unbedingt aufschieben müssen und/oder aus prinzipiellen Erwägungen heraus nicht eindeutig Position beziehen können, verlegen Sie sich auf die Strategie des »Vergessens«.
2. Seien Sie flexibel, wenn sie an die anstehende Entscheidung erinnert werden. Schützen Sie andere Termine vor, erfinden sie Ausreden.
3. Zögern sie die Entscheidung so lange hinaus, bis der Gegner die Botschaft versteht: »Ich will das nicht, was Du willst!« In den meisten Fällen erreichen Sie Ihr Ziel und Ihr Gegner wird zunächst irritiert, dann innerlich aufgebracht und schließlich frustriert sein.

16. Zusammenfassung

Finale Rhetorik dient nicht nur dazu, den »Gegner« zu besiegen, hinzuhalten oder auszuschalten, sondern sie ist häufig die einzig intelligente, weiterführende Alternative. Ob Sie rhetorisch-strategische Mittel zur Abwehr eines Gegners oder zur Attacke einsetzen: Sie manipulieren Ihre Mitmenschen in spezifischen Gesprächs- und/oder Verhandlungssituationen mit dem Ziel, ein bestimmtes Ergebnis zu verhindern oder zu erreichen.

Wenn Sie die präsentierten rhetorischen Strategien benutzen, sind Sie sich der Manipulation bewusst. Deshalb ein schlechtes Gewissen zu haben, wäre töricht, denn jede Verhandlungssituation, jedes Verkaufsgespräch, jede Konferenz und »Besprechung« beruht auf psychologischen Motiven der Teilnehmer, die ihnen teils bewusst und teils unbewusst sind. Sich darüber klar zu sein, welche Prozesse zu einer bestimmten Argumentationslinie führen, warum sich jemand so oder so in einer Diskussion verhält, ist ein unüberschätzbarer Vorteil, der Sie »echt« und »falsch« sowie »wahrhaftig« und »unwahr« unterscheiden lässt.

Wir alle werden täglich manipuliert. Wir werden verführt, zu etwas angestiftet, verleitet, zu Handlungen veranlasst, gedrängt und gezwungen. Wir halten uns für Individualisten, für »Schmiede unseres eigenen Glücks«, wähnen uns »aufgeklärt«, vernunftbegabt und rational orientiert, kurz: wir halten uns für »moderne«, individuell entscheidende und wenig beeinflussbare Wesen.

Die infam-heimlichen Mechanismen der Manipulation jedoch sind uns vielfach fremd. Wenn wir uns dabei ertappen, hereingefallen zu sein auf geschickte Zeitgenossen, halten wir das gewöhnlich für eine Ausnahme von der Regel.

Falsch! Werbung, Politik, Medien, Berufs- und Privatleben – in fast allen Lebensbereichen sind Manipulatoren am Werk, die unser Verhalten und unsere Entscheidungen beeinflussen und in die gewünschte Richtung lenken. Ob ein Verkäufer uns schmeichelt, um seine Ware anzubringen, ob ein Politiker an unsere »Vernunft« appelliert, um gewählt zu werden, ob die Werbung uns suggeriert, beim Kauf eines Waschmittels erhielten wir auch den Duft eines fantastischen Frühlingsmorgens hinzu, ob uns eine Boulevardzeitung einreden will, unser Horoskop sei »wissenschaftlich« geprüft – kecke Manipulation, Einflussnahme und Steuerung überall und allerorten. Manche Manipulation nehmen wir wahr und hin: Weil sie uns gut tut – Schmeicheleien und Komplimente beispielsweise. Den meisten Manipulationen hingegen sind wir hilflos ausgeliefert und wir stolpern blauäugig in weithin sichtbar aufgestellten Fallen.

Wann beginnt »Manipulation« und wo hört sie auf? Jedes Gespräch, selbst das »zwanglose« Geplaudere und der scheinbare zwecklose Tratsch, ist im Grunde seines Wesens bereits manipulativ angelegt. Die Sprecher verfolgen ein Ziel: Sie artikulieren Gefühle, um sie mitzuteilen und damit Gefühle und Reaktionen beim anderen auszulösen. Sie kommunizieren, um soziale Bindungen herzustellen oder zu festigen, sie wünschen einen bestimmten Eindruck zu hinterlassen, sie reden, um sich wohl zu fühlen, um Abwechslung zu haben und sich zu »unterhalten«, sie trachten nach Neuigkeiten. In allen diesen Fällen versuchen sie (bewusst und unbewusst), sich zu orientieren, den Gesprächspartner zu »begreifen«, die Welt zu erfassen und der Welt ein Bild von sich zu vermitteln. Kurzum: Sie manipulieren, sie manipulieren andere und sich selbst ...

Umso mehr als die alltägliche Plauderei sind geschäftliche Gespräche und Verhandlungen von vornherein manipulativ angelegt. Ziele sollen erreicht, Ergebnisse dokumentiert und Personen zu etwas veranlasst werden. »Wie gehe ich vor?«, frage ich beispielsweise vor einer geschäftlichen Verhandlung, und schon beschäftige ich mich damit, wie ich den Verhandlungspartner oder -gegner wohl am besten dazu bringe, meine Ziele zu erreichen – ich manipuliere seine Entscheidungsprozesse, ich beeinflusse seine Worte und Taten.

Darüber Bescheid zu wissen und sich der komplexen Abläufe bewusst zu sein, ist allemal besser als zum Spielball in den Händen von Manipulatoren zu werden.

V. Ausblick: Vir bonus oder vir malus?

Für den Königsberger Professor der Dichtkunst Johann Gotthelf Lindner war die Rhetorik die »Kunst des Redeschmucks«. Die so genannten rhetorischen Figuren dienten dazu, falsche Ausdrucksweisen zu vermeiden. 1771 zählte er hierzu: »Das Unehrbare und Pöbelhafte sowie das Unanständige und Possierliche, wie überhaupt alle Kakophonien oder Übelklang.«

Die Wurzeln der Redekunst reichen zurück ins fünfte Jahrhundert vor unserer Zeitrechnung. Der Platon-Schüler Aristoteles schrieb mit seiner »Rhetorik« das fundierteste historische Lehrbuch einer rhetorischen Argumentationstheorie. Nach seiner Deutung sollte die Rhetorik »nicht überreden, sondern untersuchen, was an jeder Sache Glaubwürdiges vorhanden ist.« Außerdem behandelte Aristoteles die Rhetorik als gleichberechtigtes Gegenstück zur philosophischen Dialektik, da beide es mit dem Ungewissen zu tun haben und durch ihre Fähigkeit, »über Entgegengesetztes Schlüsse zu bilden« strittige Sachverhalte zur Entscheidung bringen können. So lehrt das Seminar für Allgemeine Rhetorik der Eberhard-Karls-Universität in Tübingen – ein Forschungs- und Lehrinstitut für die Geschichte und angewandte Praxis der Rhetorik.

Und weiter: Römische Redner und Redetheoretiker gestalteten die Rhetorik dann endgültig zu dem neben der Philosophie wirkungsmächtigsten Bildungssystem der europäischen Geschichte um. Hier ist besonders der römische Staatsmann und kunstvolle Rhetoriker Cicero zu nennen. Dieser schuf die Grundlage für eine »Gesamttheorie«, die Recht, Erziehung, Politik, Gesellschaftstheorie und Ethik in sich vereinte.

Sein Ideal war der »perfectus orator«, der die Redekunst auf der Grundlage einer umfassenden Allgemeinbildung mit moralischem Verantwortungsbewusstsein ausübt und ein »vir bonus«, ein guter Mensch, sein soll. Dies beeinflusst die Persönlichkeitsideale westlicher Kulturen bis zum heutigen Tage.

Quintilians umfangreiches Lehrbuch »Die Ausbildung des Redners« (Institutio oratoria), ein Kompendium, das die Rhetorik als »regina artis«, als Königin aller Künste und Wissenschaften, inthronisierte, avancierte zum maßgebenden Standardwerk der europäischen Rhetorik. Quintilian fasst das rhetorische Wissen der Antike zusammen, entwickelt Modelle zur moralischen Bewertung des Redners und betont die Bedeutung des menschlichen Urteilsvermögens für den rhetorischen Erfolg.

Ist der manipulative, der »finale« Rhetoriker ein »vir bonus«, ein guter Mensch? Sicher nicht im Sinne von Ciceros Moral. Er ist aber auch kein »vir malus«, ein schlechter Mensch – eher schon ein »vir sapiens«, ein Wissender, der sich an der Realität unserer Zeit orientiert und durchaus praktisch veranlagt ist.

Doch auch der »finale« Rhetoriker steht in der Tradition der klassischen Lehre. Er bedient sich der theoretischen Grundlagen der überlieferten Redekunst, die im Wesentlichen aus den »fünf Produktionsstadien« besteht.

Diese Arbeitsschritte zur Anfertigung einer Rede lauten Inventio, Dispositio, Elocutio, Memoria und Actio. Sie bilden das wichtigste systematische Einteilungsprinzip der Rhetorik.

Mit der Inventio wird zunächst das Thema des rhetorischen Beitrags festgelegt und die wichtigsten Argumente zur Darstellung des Zusammenhangs werden definiert und geordnet (»Finale Rhetorik«: »Argumente sortieren« und »Strategien definieren«).

Im zweiten Schritt Dispositio wird der Stoff strukturiert und in eine logische Reihenfolge gebracht (»Finale Rhetorik«: »Inhaltliche und fachliche Vorbereitung«).

Hierauf folgt die Elocutio. In diesem Produktionsschritt werden nach der allgemeinen rhetorischen Theorie der Wortgebrauch, die Satzkonstruktion und so genannte rhetorische Figuren und »Tropen« (bildliche Ausdrücke und »Wendungen«) behandelt. Größte Bedeutung kommt dabei der Deutlichkeit sowie der Angemessenheit an Inhalt und Zweck der Rede zu (»Finale Rhetorik«: Fragen- und Gesprächstechniken sowie »Manipulative rhetorische Strategien«).

Im vierten Stadium Memoria prägt sich der Redner den Vortrag ins Gedächtnis (memoria) ein – unter anderem auch mit Unterstützung bildlicher Vorstellungshilfen (»Finale Rhetorik«: »Mentales Fitnessprogramm«).

Schließlich folgen Taten auf die Worte: Im letzten Arbeitsschritt Actio trägt der Redner seinen Vortrag vor. Dabei kommt es nach der klassischen Lehre nicht nur auf den Vortrag selbst, die Pronuntiatio an, sondern auch auf Mimik und Gestik (»Finale Rhetorik«: »Körpersprache, Gestik und Mimik)«.

Interessant ist der fundamentale Unterschied im Verständnis der Rhetorik zwischen der aristotelischen Forderung nach der »Suche nach Glaubwürdigkeit« und der heutigen rhetorischen Praxis als »Sozialtechnologie«. Diese ist klar auf die Überzeugung des jeweiligen Adressaten hin angelegt und Teil der so genannten »persuasiven« (überzeugungsorientierten) Kommunikation.

Eine Gemeinsamkeit in der Entwicklungsgeschichte der Redekunst von der Antike bis zur Moderne ist jedoch nicht zu übersehen: die Systematik, mit der an den jeweiligen Stoff herangegangen wird.

Hierin liegt der Erfolg allen ergebnis- und wirkungsorientierten Sprechens. »Gut reden« können bezeichnet nicht das »Absondern« von Phrasen in möglichst hoher Taktfrequenz, sondern heißt überlegt, wortgewandt und stilsicher, taktisch klug und emotional intelligent zu sprechen.

Diese Qualifikation wird besonders in der Berufspraxis immer wichtiger. Wer beispielsweise das »Prinzip der Sympathie« vor Augen hat, wonach die Chancen eine gut dotierte Stelle zu erhalten oder die Karriereleiter schneller nach oben zu klettern ganz wesentlich von der Sympathie abhängt, die uns Vorgesetzte und Mitarbeiter entgegenbringen, kann einschätzen, welche herausragende Bedeutung die Fähigkeit zur effizienten Kommunikation hat.

Was wir sagen, wie wir es sagen und wie wir uns dabei verhalten – vor allem aus diesem »Material« webt der Mitmensch sein geistiges Bild von uns. »Wenn du etwas gesagt hast, ist es so, als ob du ein Daunenkissen ausgeschüttelt hast. Dir wird es nie mehr gelingen, alle Daunen wieder einzusammeln«, lautet ein chinesisches Sprichwort. Worte leichtfertig »hin zu sagen« kann also gefährlich sein – wenn sie einmal gesagt sind, können sie nicht mehr »eingesammelt« werden.

Nicht jeder kann ein »perfectus orator« sein, ein vollkommener Redner – auch nicht, in unseren »modernen« Sprachgebrauch übertragen, ein »vollkommener« Konferenz- oder Diskussionsleiter, stets wortgewandt, stilsicher und schlagfertig. Menschen, die sich nie verbale Ausrutscher leisten, sind selten.

Jeder kann und sollte sich jedoch der vielgestaltigen und scharfen »Waffen der Einflussnahme« bewusst sein und manipulativen Rhetorikern auf die Schliche kommen – oder selbst zu diesen Waffen greifen.

VI. Anhang: Literaturhinweise

Anton, Karl-Heinz: Mit List und Tücke argumentieren. Wiesbaden: Gabler 1995.

Cialdini, Robert B.: Die Psychologie des Überzeugens. Bern, Göttingen, Toronto, Seattle: Verlag Hans Huber 1997.

Goleman, Daniel: Emotionale Intelligenz. München: Deutscher Taschenbuch Verlag 11. Auflage 1999; Titel der amerikanischen Originalausgabe: »Why I can matter more than IQ«. New York: Bantam Books 1995.

Habermas, Jürgen: Theorie des kommunikativen Handelns. Frankfurt am Main: Suhrkamp 1997.

Knape, Joachim: Was ist Rhetorik? Stuttgart: Reclam 2000.

Knape, Joachim: Allgemeine Rhetorik. Stationen der Theoriegeschichte. Stuttgart: Reclam 2000.

Luhmann, Niklas: Theorie sozialer Systeme. Stuttgart: UTB 2000.

Postman, Neil: Wir amüsieren uns zu Tode. Frankfurt am Main: Fischer 1985.

Ruede-Wissmann, Wolf: Satanische Verhandlungskunst – und wie man sich dagegen wehrt. München: Wirtschaftsverlag Langen Müller/Herbig. 5. Auflage Juli 2000.

Ueding, Gert und Steinbrink, Bernd: Grundriss der Rhetorik. Geschichte - Technik - Methode. Stuttgart: Metzler 1986; 3. überarbeitete und erweiterte Auflage, Stuttgart, Weimar: Metzler 1994.

Ueding, Gert: Klassische Rhetorik. München: C. H. Beck, 3. Auflage 2000.

Ueding, Gert: Moderne Rhetorik. Von der Aufklärung bis zur Gegenwart. München: C. H. Beck 2000.

Ueding, Gert u. a. (Hrsg): Historisches Wörterbuch der Rhetorik. Mitbegründet von Walter Jens. Tübingen: Niemeyer Verlag 1999.